명화에게 말을 걸다

명화에게 말을 걸다

김교빈 지음

매일경제신문사

프롤로그

나답게 사는 것이 진짜 명품 인생

　나는 유년시절 공부보다는 창의적 활동에 두각을 나타내는 아이였다. 유치원 때 처음 접한 새 크레파스의 알록달록 아름다운 색깔과 특유의 냄새는 어린 나의 가슴을 무척 설레게 만들었다. 40이 넘은 지금까지도 그 기억은 선명하다. 어린 나의 우주가 설렘으로 진동하던 그 기억이 너무 강렬해서 아직도 크레파스를 접할 때면 코를 가까이 대고 숨을 크게 들여 마셔본다.

　후각을 통한 뇌의 지각화는 시간의 경계를 금새 허물어뜨린다. 냄새라는 타임머신은 어느새 또래 아이들 틈에 아주 수줍게 앉아 있는 내가 있는 장소로 이동시켜준다. 내성적이었던 나는 학교에서도 가정에서도 늘 위축되기 일쑤였다. 부진한 학업 성적과 소극적인 성격은 낮은 자존감 형성의 대표적인 원인이 되었다.

그림을 좋아하고 실력도 수준급이었던 나의 꿈은 화가가 되는 것이었지만 그다지 되고 싶지는 않기도 했다. 화가라는 직업에 대한 일반적 편견 때문에 결코 탐탁치 않아 하는 부모님의 반응을 보면 화가가 되어서는 안 될 것 같았기 때문이다. 이른 나이에 미술뿐 아니라 예체능 방면으로 두각을 나타냈지만 나의 재능은 별로 환영받지 못했다. 안타깝게도 결국 나는 부여받은 재능을 외면하고 어른들이 좋아하고 인정해주는 공부를 잘하는 아이가 되는 게 꿈이 되고 말았다. 내가 좋아하고 잘하는 종목과 부모님께 인정받기 위한 종목 사이에서 정서적 혼란을 겪었을 나의 어린 소녀에게 가장 먼저 따뜻한 위로의 메시지를 전하며 이야기를 시작해보려고 한다.

소녀야, 너는 기억이 전혀 없겠지만 나는 너에 대해서 아주 잘 알고 있단다. 네가 세상에 어떻게 탄생하게 되었으며 어떤 소명을 가지고 있는지 말야. 이제는 이야기해줄 수 있게 되었어. 너는 기적과도 같은 생명을 얻어 이 세상에 왔고, 그 부상으로 네가 꿈꾸고 생각한 대로 세상을 살아갈 수 있는 능력을 부여받았어. 즉, 네가 펼치고 싶은 인생에 필요한 모든 능력이 생겼지.

하지만 조건이 있었어. 그것은 상에 대한 보상으로 네게 주어진 능력을 이용해 누군가를 행복하게 해주는 것이었지. 그리고 너는 말했어. 가능한 한 많은 사람들을 행복하게 해주겠다고 말이야. 하지만 가장 어려운 미션이 남아 있었단다. 그것은 네가 태어나는 순간 그 이전의 기억은 전부 지워져버린다는 거였지. 기억이 지워진 다는 것은 결국 꿈이 무엇인지도 부여받은 능력이 무엇인지도 모른 다는 뜻이야.

어떠한 계기를 빌어 기억을 스스로 되살리는 노력을 하지 않으 면 안 되는 아주 어려운 미션인 거야. 하지만 그 기억에 가까워지는 방법은 있어. 살다가 문득 그리움이 찾아오거나 마음 깊은 곳에서 시냇물이 흐르는 듯한 느낌이 들 때가 있을 거야. 그것이 바로 네가 꿈꾼 인생일지도 몰라. 이뤄질 꿈이야말로 마음속에 조용히 깃드는 법이거든.

마지막으로 내가 확실하게 이야기해 줄 수 있는 희망의 메시지 가 있어. 결국 너는 반드시 기억을 되살리게 된다는 거란다. 시간 은 좀 걸리지만 너는 재능을 살려 많은 사람들을 행복하게 해주고 돌아오겠다는 약속을 조금씩 지킬 수 있게 되지. 그렇기에 살면서 하고 싶은 게 있다거나 좋아 보이는 것은 얼마든지 해봐.

마음속에서 꿈틀거리는 이러한 바람은 기적과도 같은 행운을 얻 어 이 세상에 온 네가 받은 부상으로서 충분히 실현 가능한 것이니 까.

– 현재의 내가 과거의 나에게–

이 책은 과거 나의 어린 시절 형성되었던 낮은 자존감으로부터 지금까지 걸어온 인생 여정이다. 게다가 배우자와의 남은 인생길을 향해 걸은 지 얼마 되지 않아 갑작스러운 이별을 하게 되면서 인생 나락을 경험하고, 적지 않은 방황, 그리고 회복해가는 과정에서 얻은 귀한 깨달음들을 명화 스토리와 함께 담아냈다. 나에게 상실의 경험은 과거의 결핍들과 섞여 두 배의 강한 부정으로 다가왔다. 원망과 불평, 미움이라는 불청객들과 매일 싸우고 타협하기를 반복했다.

휘어진 막대기는 휘어진 그림자가 늘 따라 다니기 마련이듯, 나는 항상 더 괜찮은 사람이 되고 싶었다. 지금보다 나아지려는 절박함으로 내 삶을 수정하기 위해 정말 많이 노력했다. 한 사람이 회복의 단계까지의 지난한 여정을 감사하게도 아름다운 명화가 늘 함께 해주어서 글을 쓰는 동안 전혀 외롭지 않았다. 글과 명화의 조화로움이 공명을 이루어 위로와 치유라는 강한 긍정의 메시지를 전할 수 있기를 소망한다.

그 어느 때보다도 당도 높은 삶을 살고 있는 지금이 되기까지 내 삶의 아주 고마운 인생의 재료들이 무엇이었는지 모두 담아보려고 노력했다. 나에게는 특별한 이 이야기가 어딘가에서 과거의 나처럼 슬퍼하고 있을 이들에게 작은 희망의 메시지로 전달되면 좋겠다.

나의 이야기를 진심으로 공감해주고 글로 쓸 수 있게 도와주신 '한국책쓰기강사양성협회' 대표코치인 김태광 대표님, 늘 동기부여로 힘이 되어주신 위닝북스의 권동희 대표님께 감사를 드린다.

당신들 눈에는 아슬아슬하게 가시밭길을 걸어가는 것으로만 보였을 딸을 보며 표현할 수는 없지만 늘 눈물지었을 나의 아버지 김경식님, 평생을 가족을 위해 성실하게 일하는 것이 가족에 대한 유일한 사랑이라 여기시는 나의 어머니 정성자님께 깊은 감사를 드린다.

나의 상실감과 불안정함을 지켜보고 그대로 받았을, 그리고 지금은 나날이 새로운 것을 시도하며 늘 바쁜 나를 믿고 기다려주는 소중한 내 아이들 공도현, 공다현에게 고마움을 전한다.

연약하기만 했던 내가 아픔을 딛고 홀로 서기 위해 부단히 노력해서 지금 이 자리까지 스스로 설 수 있게 길을 밝혀주신 이난숙 선생님을 비롯해 나의 모든 스승님들께 감사를 드린다.

그리고 이제는 더 이상 슬픔이 아닌, 떠올리기만 해도 기분이 좋아지는 영원한 나의 젊은 남자, 가장 나답게 살 수 있는 명품 인생을 펼칠 수 있게 많은 힌트를 주고 떠난, 하지만 때로는 그 이름 석 자만으로도 나를 쉽게 울리고 마는 나쁜 남자지만 미워할 수 없는 영원한 내 편, 내 배우자 고(故) 공민규님께 진심으로 고마움을 전하고 싶다. 그리고 그를 낳아주시고, 나를 늘 이해하고 언제나 따뜻하게 맞아주시는 이제는 나의 부모님이나 다름없는 공경환님, 남옥자님께 깊은 감사를 드린다.

빠질 수 없는 고마운 한 사람, 아주 잘 버텨주었고 완벽하지는 않지만 회복의 단계까지 무사히 건너와준 자랑스러운 나 자신, 김교빈에게 고맙다. 끝으로 무엇보다도 상실을 겪은 이 세상 모든 이들에게 온 마음을 담아 뜨거운 응원을 드리고 싶다.

- 김교빈

*일러두기

이 책에 실린 명화들 중 저자가 특히 애정을 갖고 작품에 대해 꼭 이야기를 싣고 싶으나 원본을 구하기 힘든 작품의 경우, 저자의 모작을 실었음을 밝혀둡니다.

목 차

프롤로그 | 나답게 사는 것이 진짜 명품 인생   4

1장 인생은 항해와 같다

꿈을 꾸기에 늦은 나이란 없다   15

인간은 나약하기만 한 존재가 아니다   24

두려움을 이겨낸 열정   33

느릴 수는 있어도 포기란 없다   41

오직 사랑과 예술만으로 찬란하게 빛났던 젊은 날   50

클림트, 태어날 때부터 화가였다   57

못 가본 길이 더 아름답다   65

고통을 담담하게 끌어안는 법   73

2장 명화에게 말을 걸다

고흐, 가장 낮은 곳에서 희망을 선물하다   85

프리다, 나락 끝으로 떨어진 절망의 순간에 다시 태어나다   93

하나의 삶은 하나의 별이 아닐까요?   101

모방은 창조의 어머니다   108

살다 보면 그림이 필요한 순간이 있다   117

마네, 악하고 추한 것에서 아름다움을 찾아내다   125

사람마다 꽃피는 시기가 다르다   133

지금 알고 있는 걸 그때도 알았더라면   142

3장 그림이 내게로 와 삶이 되다

    망각은 신이 인간에게 준 축복   153

    흐르는 시간 속에 똑같은 것은 없다   160

    행복은 먼 곳에 있지 않다   169

    나는 보기 위해 눈을 감는다   176

    나의 삶은 모든 것이 기적이다   184

    기억하라, 그대는 눈부시게 아름답다   192

    오늘 내가 함께 살아가는 이유   199

    밤하늘의 수많은 별들은 나를 꿈꾸게 만든다   206

4장 고통은 지나가지만 아름다움은 남는다

    사랑, 희망의 또 다른 이름   219

    자신의 그림만큼 강렬한 삶을 살다 가다   226

    고독은 삶을 살아갈 수 있는 힘   233

    아름다운 인생은 얼굴에 남는다   241

    언제나 흐르는 강물처럼   249

    어떻게 살아야 할 것인가   256

    바람이 분다, 그대가 그립다   264

    고통은 지나가지만, 아름다움은 남는다   270

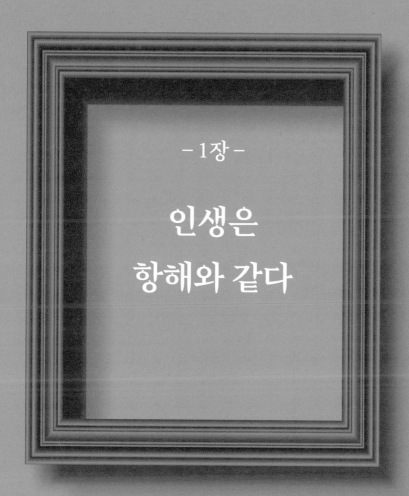

- 1장 -

인생은
항해와 같다

꿈을 꾸기에 늦은 나이란 없다

앙리 루소 作, <꿈>

출처 : 저자가 그린 모작

야드비가는 꿈에 빠졌네. 달콤한 꿈속에서 목동이 부는 피리 소리를 들었네. 깊은 잠에 빠진 채. 목동은 착한 요술쟁이. 달빛이 내려와 푸른 숲과 꽃잎을 빛낼 때. 그녀는 애잔한 나무피리 소리를 듣는다네. 붉은 뱀의 귀를 빌려서.

—앙리 루소의 〈꿈〉에 첨부된 시—

원시림의 풍경에 마치 거실 한복판인 것처럼 소파가 놓여 있다. 알몸의 여인이 막 꿈에서 깬 듯 몸을 세워 정글을 둘러보는 듯하다. 풀내음이 진동할 것 같은 짙은 녹음에 우거진 커다란 야자수의 배경이 아직도 꿈속인 듯 몽환적이다. 여인이 원한다면 언제라도 따먹을 수 있는 황금빛 오렌지가 주렁주렁 매달려 있다. 녹색의 공기와 달큰한 향이 달빛에 버무려져 천국의 향을 피워낸다. 여인을 호위해야 할 듯 보이는 사자 두 마리는 어쩐 일인지 우거진 화초 사이에 숨어서 여인을 빼꼼히 바라보기만 한다. 정글의 왕 사자임에도 불구하고 야드비가 여인 앞에서는 그 모습이 처량하다. 뒤쪽에는 덩치 큰 코끼리도 숨어 있다. 잠시 후 목동이 나타나 피리를 입에 물고 숲을 깨울 준비를 한다. 여인은 조금만 더 이 느낌을 더 누리고 싶다고 호소하는 듯하지만 곧 구성진 피리 가락이 무심히도 흘러나오고 만다. 야드비가도 어쩔 수 없이 소파에서 화들짝 깨어난다. 비록 육신은 깨어났으나 야드비가의 원초적인 감각은 아직도 방금 전 짙은 녹음을 그대로 느끼고 있는 듯하다.

이 환상적인 그림 〈꿈(The Dream)〉을 그린 화가는 앙리 루소(Henri Rousseau)다. 루소는 22년 동안 세관공무원으로 일했는데, 서른 중반부터 취미 삼아 틈틈이 그림을 그렸다고 한다. 그리고 마흔이 넘어서면서부터는 전시회에 출품하며 화가의 꿈을 키웠다. 뒤늦게 찾은 화가의 꿈에 매진하기 위해 49세에 직장을 그만두고 전업 화가로서의 삶을 선택했다. 그는 그림을 배운 적이 없었던 까닭에 부자연스러운 인체 비례와 현실성이 떨어지는 묘사 등으로 많은 이에게 조롱을 당했다.

하지만 루소는 아랑곳하지 않았고, 자신의 그림을 결코 포기하지 않았다. 하루도 쉬지 않고 그림을 그리면서 세계 최고의 화가가 되어 명성을 얻을 거라고 굳게 믿었다. 세상의 비웃음에도 웅크리거나 절대 포기하지 않았다. 성실한 노력의 탑을 꾸준히 쌓아나갔다. 10년 후, 루소의 화풍은 전문가적인 기교는 부족하지만 소박하고 상상력을 가미한 환상적인 분위기 묘사로 서서히 인정받기 시작했다. 특히 피카소는 루소의 단순한 표현과 신비로운 색채에 강렬한 자극을 받았고, 앙리 루소의 그림을 많이 수집했다고 한다. 루소의 화풍은 젊은 예술가인 피카소에게 영향을 주었다. 마침내 앙리 루소의 꾸준함은 기적을 낳았으며, 성실함은 명성을 가져다 주었다. 루소의 삶은 그림을 그리면서 살기에 결코 녹록지 않았지만 많은 작품을 남겼다. 개인적인 삶 또한 순탄치 않았으나 확실히 말할 수 있는 것은 누구보다도 자신이 무엇을 원하는지 확실히 아는 똑똑한 인생을 살았다는 것이다. 루소는 자신의 삶에서 핑계를 대지 않았다. 진정으로 좋아하는 그림을 그리기 위해서 굴하지 않고 살아온 흔적이 매우 선명하다.

그에 비하면 우리는 하지 못하는 것에 대한 핑계가 너무 많은 것이 사실이다. 누구에게나 마음속에 소중히 담아놓은 자신만의 이상이 있고, 이루고 싶은 꿈이 있었을 것이다. 저마다 원하는 직업을 통한 꿈과의 연결을 희망했을 것이고, 아직 그 꿈을 이루고자 노력하는 사람도 있을 것이다.

나도 어느 날 주어진 역할에 맞춰 충실히 살았고, 잘 살고 있다고 생각했다. 하지만 늘 똑같은 하루하루가 지루하고 내일이 더 이상 기대되지 않는다는 것을 느꼈다. 어떠한 만남도 돌아서고 나면 공허함만 남았다. 그 공허함은 사람이 그리워 느껴지는 외로움이 아니었음을 깨달았다.

나도 앙리 루소처럼 내 여생을 좋아하는 일에 바치고 싶은 거라는 걸 지금은 안다. 우리는 나 자신에게 한 번은 물어야 한다. '나는 지금 행복한가?' 어느 날 내게 찾아온 별로 달갑지 않았던 내면의 당황스러운 물음이 내 삶에 대해 진지하게 생각하게 해주는 계기가 되었다. 아이들을 키운다는 핑계로 내가 진짜 원하는 삶을 잊고 있었다는 걸 그제서야 깨달았다.

많은 부모가 그렇겠지만 어릴 때 어른들은 내가 공부를 잘하기를 바라셨다. 하지만 나는 공부보다는 그림을 그리고 만드는 것을 좋아했다. 어디든지 그리고 뭐든지 만들어냈다. 과자 상자 하나도 허투루 버리지 않고 빈 여백을 정성껏 가위로 오려 그림을 그리곤 했다. 손끝 감각이 타고나서 바느질도 잘했다. 인형 옷도 다양하게 만들어 놀 줄 알았고, 이러한 창의활동을 하다 보면 시간이 가는 줄 몰랐다. 이렇게 시간 가는 줄 모르게 몰입하는 활동이 정말 중요하다는 것을 성인이 되고 나서 깨달았다. 그것이 바로 행복과 직결되는 문제기 때문이다.

당시 부모님도 나의 재능을 일찍 알아보시고 칭찬해주셨지만, 언제나 칭찬의 마무리는 늘 공부를 잘해야 한다는 결론이었다. 부모님은 내게 전부였기에, 공부를 잘해서 기쁘게 해드리고 싶다는 마음이 간절하기도 했지만, 공부보다는 연습장을 펴고 그림을 그리는 게 훨씬 재미있었다. 머릿속에 온갖 공상들을 떠올리는 것을 좋아했고, 최근에 본 만화나 드라마 스토리를 내 마음대로 각색하는 것을 좋아했다. 성인이 된 뒤 돌이켜 생각해보면 나는 창의영역에 두각을 나타냈던 것 같다.

편지나 일기 쓰는 것도 무척 좋아했다. 하지만 그런 활동도 부모님께서는 별로 좋아하지 않으셨던 것 같다. 생각해보면 나는 참 좋아하는 것도 많고, 하고 싶은 것도 많은, 꿈과 열정이 있는 학생이었다.

한번은 중학교 때 무용 수업이 있었는데, 선생님께서 무용을 배워보고 싶은 학생은 부모님과 상의하고 말해달라고 하셨다. 나는 무조건 하고 싶었다. 예쁘고 우아한 것은 뭐든지 다 해보고 싶었다. 하지만 부모님께서는 허락해주시지 않았다. 그때 배움의 기회가 있었다면 지금쯤 나는 멋진 발레리나가 되었을까? 경험해보지 못한 길은 늘 아쉬운 법이다. 그래서인지 성인이 된 지금까지도 발레 공연을 볼 때면 참 신이 난다. 내가 아름다운 주인공 발레리나가 되었다고 상상한다. 공연이 끝날 때가 되어서야 그 꿈에서 깨어날 준비를 하는 앙리 루소 작품의 주인공 야드비가처럼 되곤 한다. 앙리 루소의 작품 세계를 보고 있으면 마치 학창 시절 나의 꿈이 다시 되살아나는 듯 추억에 잠긴다.

사실 인간에게는 배울 시간이 참 많다. 하지만 뭐든지 경험할 수 있고, 배움의 기회가 주어지고 열려 있는 10대 때는 막상 학업 때문에 여유롭지 못하다. 막상 그 시간이 지나고 나면 꿈과 열정도 사그라지고 현재에 적합한 활동을 하기에 바빠진다는 것을 경험으로 우리 모두는 안다. 현재 연령에 맞는 보통의 기준에 맞춰 살지 않으면 잘 못 살고 있다는 생각이 대부분이다. 나 또한 사회에서 만들어진 보통의 프레임 안에서 교육되어져왔다. 이제는 알 것 같다. 사람은 하고 싶은 것을 하고, 가슴이 시키고 설레는 활동을 하지 않으면 공허해진다는 것을.

내 삶이 공허해짐과 동시에 의문을 갖기 시작했다. 현재의 상황을 다시 재조명하고, 나라는 사람은 대체 어떤 사람이었는지, 왜 더 괜찮은 사람이 되지 못했는지에 대한 고민을 하기 시작했다. 지금까지 살면서 딱히 인정받은 기억도 없다는 사실을 인정하고 나니 나의 정체성에 더욱 혼란이 생겼다.

그리고 결심했다. 내가 정말 잘하고, 좋아하는 그림을 다시 그려보기로 말이다. 생각이 바뀌고 행동을 하니 잠자고 있던 나의 재능이 꿈틀거리기 시작했고, 내 안에 숨어 있던 창조의 씨앗에 싹이 트기 시작했다. 내가 미술을 전공했다는 것을 처음 알게 된 지인들은 나를 다르게 보고, 다르게 대해주기 시작했다. 실력을 왜 이제야 보여주냐며 타박 아닌 타박을 하기도 했다. 사실 내가 일부러 감추려 했던 게 아니라 나도 내가 어떤 사람이었는지 그동안 잊고 지냈던 것이다.

나 자신을 재회한 것 같은 느낌을 받으며, 삶은 점점 윤택해지기 시작했다. 내일이 기대되고 남에게 기대하는 게 아닌 내가 나 자신에게 기대를 걸게 되는 특별한 삶을 살기 시작했다. 좋아하는 일이 직업으로까지 이어지게 되었다. 대부분 결혼하고 아이를 낳아 엄마라는 위치에 서면 꿈이라는 것을 생각할 여유가 없다. 자신에게 투자하는 것은 사치라고 여긴다. 나 또한 그랬다. 하지만 시련은 변형된 축복이라고 했던가. 내 생각이 180도 바뀌게 되는 극적인 상황을 맞이한 후에야 내 삶을 재조명하게 되었던 것이다.

앙리 루소뿐만 아니라 75세에 그림을 배우기 시작한 미국 국민 화가 모지스 할머니(Grandma Moses)의 이야기 또한 우리에게 용기를 준다. 모지스 할머니의 그림은 설거지, 청소, 빨래 등 주부라면 놓치지 않는 평범한 일상에 마치 생명을 불어넣는 듯 따뜻하고 특별하다.

"그림 그리는 일은 서두르지만 않는다면 아주 즐거운 취미가 될 수 있습니다. 좋아하는 일을 천천히 하세요. 때로는 삶이 재촉하더라도 서두르지 마세요."

화가 모지스 할머니는 아이를 열 명 낳았는데 그중 5명을 먼저 떠나보냈다고 한다. 그리고 62세에 남편과 사별 후 슬픔을 달래기 위해 소일거리로 바느질을 했으나 관절염으로 그것조차 할 수가 없었다. 대신에 76세의 나이에 물감과 붓을 들고 어릴 적 꿈이었던 그림을 그리기 시작했다. 자신의 삶을 너무 사랑했기 때문에 끊임없이 질문하고 자신과 대화함으로써 다시 꿈을 찾는 결과를 맞이했으리라고 생각한다. 그녀의 작품은 아이같이 순수한 즐거움과 소박함이 담겨 있고, 사계절의 분위기가 한눈에 잘 드러나 있는 게 특징이다. 그래서 보는 이로 하여금 그림 속 배경의 바람, 온도와 냄새, 구름의 촉감 등이 오감을 자극한다.

어떤 날은 눈물을 흘리기도, 행복에 젖어 웃게 되는 마법 같은 일이 일어난다. 또 어떤 날은 모든 감각에 스며 있는 그리움을 자아내기도 한다. 재촉하지 않고 천천히 자신만의 스타일로 꾸준히 그림을 그려나가면서 마음만은 풍족하고 행복했을 것이다.

꿈을 이루어나가면서 삶의 균형과 성장을 이루어나갔을 모지스 할머니 그림을 감상할 때면 나 또한 너무 행복해진다. 삶을 사랑하지 않으면 결코 꿈은 내 앞에 나타나지 않는다. 내 삶을 사랑하기에, 그리고 꿈을 꾸기에 늦은 나이란 없다. 내가 해보고 싶었던 무언가를 시작하기에 오늘은 가장 젊은 날이다. 모지스 할머니는 말한다.

"사람들은 내게 이미 늦었다고 말하곤 했어요. 하지만 지금이 가장 고마워 할 시기라고 생각해요. 무언인가 진정으로 꿈꾸는 사람에게는 바로 지금 이 순간이 가장 젊을 때거든요. 시작하기 딱 좋은 때 말이에요."

인간은 나약하기만 한 존재가 아니다

밀레 作, <만종>

출처 : Artvee.com

장 프랑수아 밀레(Jean François Millet)의 작품들은 대부분 따뜻하고 소박한 시골의 평화로운 모습을 보여준다. 그래서 밀레는 대중들에게 많은 사랑을 받은 작가 중 한 명이다. 특히 〈만종(L'Angélus)〉이라는 작품이 유명한데, 원래는 〈감자 추수를 위한 기도〉였다가, 후에 조그마한 교회 첨탑을 그려 넣고 〈만종〉이라는 제목으로 바꾸었다고 한다. '만종'이란 저녁 무렵 치는 종이라는 뜻이다. 그림만 보면 두 부부가 교회에서 울려 퍼지는 종소리에 하던 일을 멈추고 겸허히 기도를 드리는 모습으로 보인다. 석양이 물들어가는 너른 들녘을 등지고 기도를 하는 모습은 지극히 평화로워 보인다. 마치 종소리가 은은하게 들리는 듯한 느낌마저 든다.

　가난한 농부의 삶이지만 주어진 모든 것에 감사하는 소박한 마음이 깃들어 있다. 경외감마저 드는 이 그림은 감동을 안겨준다. 하지만 사실 밀레의 이 작품은 평화로운 농촌 풍경이 아니라 가난한 농부들의 비참한 생활을 묘사한 그림이었다. 두 사람의 발 아래에는 감자가 담겨 있는 바구니로 보이지만, 원래는 부부의 죽은 아기가 누워 있는 관 상자를 담은 바구니였다고 한다. 양식이 떨어져 굶주림으로 죽은 아기를 위해 부부가 기도를 올리는 애잔한 그림인 것이다. 배경은 평화로운 농촌 풍경을 담고 있는 듯하지만 사실은 가난한 농부들의 참혹한 생활을 묘사한 것이다.

　밀레는 시대의 부조리를 꼬집는 그림을 잘 그렸기 때문에 비평가로부터 그다지 좋은 평을 듣지는 못했다. 〈만종〉과 더불어 유명한 작품인 〈이삭줍기(Les glaneuses)〉도 마찬가지다.

　아름다운 노동으로 보이는 이삭줍기의 숨겨진 내막은 여인들이 주인에게 허락을 받아 이미 수확이 된 땅에 떨어진 낱알을 줍고 있는 장면이다. 오직 끼니를 위해 버려진 이삭을 허리 굽혀 줍는 그녀들의 겸허한 태도에 고개가 절로 숙여진다. 가난한 농민 중에서도 가장 가난한 여인들인 것이다. 아기가 굶주려 죽었을 정도면 가난이 매우 심각했다는 말인데, 너무나 안타깝고 슬픈 장면이 아닐 수 없다. 그렇다면 그림 속의 아기는 어디로 사라졌을까? 이 그림을 본 밀레의 친구가 죽은 아기를 그린 그림은 팔리지 않을 거라며 설득했고, 밀레는 고심 끝에 아기의 그림 위에 바구니를 덧칠해 그린 것이라고 한다.

　보이는 데서 벗어난 그림의 숨겨진 스토리를 알게 되면 충격에 빠질 수밖에 없다. 그렇게 평온하고 따뜻해 보이던 농촌의 풍경은 어디 가고, 냉혹하고 비참한 현실에 탄식만 나온다. 그들이 어떻게 슬픔을 마주했을지, 그 슬픔이 어땠을지 감히 상상조차 되지 않는다. 망연자실하게 서서 할 수 있는 거라고는 기도뿐인 듯 그들의 고개 숙인 턱 끝에서 하염없이 눈물만 흐르고 있을 것 같다.

　이 작품을 보고 있으면 과거의 나의 상처를 직면하게 되는 것 같다. 복받치는 슬픔과 한 번도 겪어보지 못했던 그 아픔이란 것을 내 안에서 어떻게 처리해야 할지 당황스럽고 막막했던 기억이 나를 옥죄어온다. 인간은 갑작스럽게 감당하지 못할 고통스러운 사건과 부딪힐 때 일시적 마비 현상을 경험한다고 한다. 그러지 않고서야 인간은 견딜 수 없기에 그 순간만큼은 슬픔과 고통, 비극을 감내할 수 있게 애초에 프로그래밍되어 태어나는 것일까.

나는 과거, 무방비 상태에서의 갑작스러운 정신적 충격으로 일시적 마비를 경험했다. 몸과 마음이 얼어붙는 동시에 의지와 상관없이 뇌의 전원 스위치가 꺼졌다. 눈물도 나지 않았다. 정신을 차려보니 장례식장에서 소리도 내지 못하고 속으로 하염없이 눈물만 흘리고 있었다. 눈앞에서 벌어지고 있는 현실이 도대체 어떤 상황인지 명료하게 설명해줄 사람이 없었다. 마치 꿈속에서 아무리 소리치려 해도 소리가 나오지 않는 것처럼 답답함을 느꼈다. 나는 분명 그 자리에 있는데 아무도 날 바라봐주지 않았다. 투명 인간이 된 것 같아 무서웠다. "나 여기 있어요!" 허공에 대고 마음속으로 간절히 소리쳤지만 아무도 들어주지 않았다. 내 몸 하나만 둥근 투명 막이 둘러싸인듯, 그들과 공감되지 않는 마음의 거리가 나를 지옥으로 떨어뜨렸다. 나 홀로 동떨어진 세계에서 미치도록 외로운 고립감을 경험했다.

나는 거대한 슬픔을 견뎌낼 힘이 없었고, 아무리 주위를 둘러봐도 나를 구해줄 사람은 단 한 명도 없었다. 오직 시간을 되돌려놓지 않는 이상은 아무런 대책도 방법도 없었다. 꿈이기를 간절히 바라고 바라는 것밖에는 할 수 있는 게 없었다. 인간의 무능력함에 화가 났고, 도저히 내 앞에 닥친 상황을 받아들일 수가 없었다. 뜻하지 않았던 비극적이기만 한 냉혹한 현실을 내 가슴으로 받아들여야 하는 과정은 고통 그 자체였다. 그때의 시간들은 태어나서 가장 더디게 흘러가는 것처럼 느껴졌다.

오롯이 홀로 현실과 마주했을 때 철렁 내려앉는 주기적 슬픔이 사람을 얼마나 고통스럽게 하는지 다시는 경험하고 싶지 않다. 마음을 치유하는 데 도움이 되는 것은 마음껏 울고 감정을 해소하는 것이라고 한다. 하지만 나는 실컷 울지 못했다. 스스로 내 모습을 처량하게 바라보고 그 모습이 창피해 감정을 지나치게 억제했고 남들 앞에서 슬픔을 감춰야만 했다.

부모님 앞에서는 더욱 연기를 했다. 누구보다 나 때문에 아파할 분들이었기 때문이다. 부모님 앞에 서면 늘 밝고 긍정적인 딸 역할을 연기했다. 그들 앞에서 나는 이미 상처를 극복한 사람이고, 잘 먹고 언제나 씩씩한 딸이었다.

그리고 모든 연기의 끝은 아이들과 홀로 집으로 돌아가는 길이었다. 내가 살고 있는 집에 나 외에 문을 열고 들어 올 가족이 없다는 사실은 나를 미치도록 외롭게 만들었고, 오랫동안 나를 괴롭혔다. 세상 그 누구도 나와 같은 슬픔 따윈 겪지 않을 거라는 생각에 억울했다. 그 후로 남을 위한 인정과 배려 따위는 내 안에서 사라지고 있었고, 나라는 사람 자체는 변색되어갔다. 겉으로는 웃고 있었지만 속으로는 원망과 불신이 가득 찼다.

드러내지 못하는 슬픔은 속으로 삼켜야만 했다. 지나친 감정 억제는 나에게 해를 끼치기 시작했고 우울과 외로움, 깊은 고립감으로 나를 인도했다. 시간이 얼마나 지났을까. 내가 그동안 속으로 삼킨 눈물은 내 마음속 인내라는 곳에 켜켜이 쌓여갔다. 내가 삼킨 눈물을 먹고 신기하게도 내 마음이 조금씩 자라나기 시작했다.

사람이 아픔을 느낀다는 것은 치유가 되고 있다는 뜻이라고 하는데 정말 그랬나 보다. 끝이 없을 것만 같은 긴 터널도 언젠가는 반드시 빠져나간다는 말을 믿기 시작했다. 마음의 고통을 느낀다는 것은 곧 치유가 되고 있는 과정이라고 믿었다. 오랜 시간이 흘러서야 가능했지만 지금은 현실을 받아들이고도 남을 만큼 건강한 내면을 가지고 있다. 여기서 정말 중요한 것은 슬픔을 겪기 전의 나와 슬픔을 이겨낸 후의 나는 전혀 다른 사람이라는 사실이다. 슬픔을 경험한 뒤 우리는 더 강해지고 성숙해질 수 있다.

슬픔의 마디마디를 겪고, 끊임없이 나에게 질문하며 스스로를 연단했을 때 비로소 서서히 먹구름은 걷히고 눈부신 햇살을 발견할 수 있다. 천 번의 붓질이 쌓이면 하나의 작품이 완성된다고 한다. 나를 포기하지 않고 나의 내면과 끊임없이 나누었던 대화가 나에게는 천 번의 붓질과도 같았다. 그리고 그 끝에 기다리고 있는 것은 바로 창대한 나라는 작품이었다.

상실의 슬픔에 맞서고 있는 사람들에게 인간은 절대 나약하기만 한 존재가 아니라고 증명해 보이고 싶다. 인간은 할 수 있다고, 슬픔은 이겨내기 위해 있는 거라고, 고통을 견뎌내면 한 걸음 더, 아니 몇 천 걸음 훨씬 더 성숙한 길을 걸어갈 수 있다고 말이다.

슬픔을 겪었다는 것은, 그 슬픔을 내가 안다는 것은 그 심정을 함께 공유할 수 있다는 것이다. 그렇기 때문에 훨씬 더 깊이 있는 사람으로 거듭날 수 있는 강력한 무기가 하나 생기는 것이다. 같은 처지의 사람들을 더 잘 이해하고, 그들에게 용기를 줄 수 있는 힘이 있다. 고통을 견뎌낸 길고 긴 시간이 주는 선물은 삶을 통찰하는 지혜의 눈이다. 보통의 사람보다 세상을 감사하며 바라보는 맑은 눈을 한 개 더 갖게 되는 셈이다.

슬픔을 피할 길이 없다면 기왕이면 잘 견디는 방법을 연구해보는 것은 어떨까. 고통과 맞서는 것은 누가 도와줄 수 있는 것이 아닌 결국 나의 마음가짐이었다. 마음가짐은 내 생각 안의 고유한 저장 창고, 즉 마음의 밭이다. 모든 일은 원인에 따라 결과가 생기기 마련이다. 그렇듯 내 마음의 밭을 곱게 다져놓는 데 온 신경을 쓰지 않으면 어떤 좋은 씨앗이 날아와도 싹을 틔우지 못할 것이다.

'뿌리 없는 나무에 꽃이 피랴', '콩 심은 데 콩 난다'와 같은 속담이 있다. 아무리 좋은 종자라도 그것이 알맞은 옥토에 떨어져야 좋은 결실을 거둘 수 있다는 뜻이다. 아무리 좋은 씨앗이라도 땅이 비옥하지 않으면 자라지 못한다. 좋은 땅은 우리의 마음 자세에 비유할 수 있다. 휘어진 막대기는 휘어진 그림자가 늘 따라 다니기 마련이다. 내가 바로 서지 못한다는 것은 땅을 비옥하게 만들지 못한다는 뜻이다. 시간이 약이라는 말만 믿고 언젠가는 이 슬픔도 사라질 거라고 생각하며 아무것도 하지 않는다면, 그 어떤 것도 심지 않고 씨앗이 나기를 바라는 것과 같다. 이것은 자신을 속이는 일이다.

사람의 마음과 생각은 씨앗이다. 좋은 씨앗에는 좋은 나무, 좋은 열매가 있다. 아무리 슬퍼도 꼭 해야 할 일이 있다면 내 마음 상태를 항상 잘 살피는 것이다. 땅이 굳었으면 수분과 영양을 공급해주고 부드럽게 다듬어가면서 걸림돌이 되는 돌들은 골라 치워 없애버려야 한다. 시간이 얼마가 걸리더라도 자신의 마음 밭을 옥토로 만드는 일을 절대 게을리해서는 안 된다. 언제라도 씨가 떨어지면 가장 잘 자랄 수 있도록 가꾸었으면 좋겠다. 그게 나를 가장 사랑하는 방법이란 것을 이제 나는 안다. 개인과 상황에 따라 다르겠지만 내가 고통을 마주했던 방법은 고요함 가운데 음악을 듣고, 독서를 하며, 일기를 쓰는 것이었다. 그리고 나에게 영양분이 되어줄 영상들을 백색소음처럼 늘 가까이했다.

콩나물 시루에 물을 붓듯 긍정적인 생각을 나의 의식 속에 쏟아부었다. 밑 빠진 독처럼 물이 모두 흘러내린 줄만 알았는데 어느날 갑자기 콩나물이 무성하게 자라 있듯이, 나도 모르는 사이에 긍정의 기운들이 나의 의식 안에 봄처럼 스며들고 있었다. 그렇게 과거의 이물감을 서서히 벗어던지고 참 자아를 찾아가기 시작했다. 현재 주어진 삶을 완전히 받아들일 마음의 공간이 서서히 보이기 시작했다. 마음의 공간은 감사라는 단어들로 채워져갔다. 감사의 시작은 진짜 나다운 삶을 찾아 떠나는 의식 여행의 출발선이었다. 그리고 조금씩 회복되기 시작했다. 나약한 줄만 알았던 내가 돌이켜보면 결코 나약하기만 한 존재는 아니었다. 비단 나뿐만이 아니라고 생각한다. 우리는 절대 나약하기만 한 존재가 아니다.

두려움을 이겨낸 열정

모네 作, <수련>   출처 : Artvee.com

"대중이 내 그림을 보고 왈가왈부할 수 있다. 그러나 내 인생은 그 누구의 것도 아닌 바로 나의 것이다."

클로드 모네(Claude Monet)는 예술의 혼을 불태우며 열정적으로 살다간 화가다. 그는 인상주의 그림의 시초가 된 화가다. 인상주의란 시시각각 빛에 의해 변화하는 찰나의 순간의 인상을 담기 위해 매우 신속하게 붓질을 한 그림이다. 빛은 빠르게 변하기 때문에 순간을 포착해야 한다. 그렇지 않으면 빛은 우리의 눈을 속이고 이리저리 옮겨 다니며 순간의 인상을 변화시키고 만다. 즉, 순간을 잡기 위해서는 빠른 판단과 무엇보다 빠른 손놀림이 필요하다. 두 눈은 카메라 렌즈가 되고 손은 셔터가 된다. 빠른 붓질을 셔터 삼아 끊임없이 빛과 사랑의 술래잡기를 한다. 간단히 말하면, 인상주의란 구체적인 형상은 과감히 생략하고 순간의 느낌을 전달하려고 노력하는 화풍을 말한다. 색조와 느낌만으로 자연의 변화무쌍한 힘을 기록한 것이다. 모네뿐만 아니라 인상주의 화가들은 모두 빛을 그리는 사람들이었다. 인상주의 화가들은 아침 해가 떠오르고 지는 그 순간까지 시시각각 빛에 의해 세상의 색이 달라지고 있음에 집중했고 그 찰나의 색을 잡으려고 노력했다.

모네는 생의 대부분을 실내가 아닌 야외에서 그림을 그렸다. 그렇기 때문에 사계절 동안 자연이 어떻게 변화하는지 알았고, 색감의 변화 또한 너무나 잘 알고 있었다. 1897년부터 1926년까지 모네가 매달린 〈수련(Les Nymphéas)〉의 연작은 너무나도 유명한 그의 대표작으로 손꼽힌다. 모네는 물 위에서 움직이는 수련에 특히 매료되어 자신의 정원을 매우 사랑했다. 모네는 다른 인상주의 화가들보다 좀 더 적극적으로 빛을 잡기 위해 노력했다. 그러다가 정원이라는 가까운 공간을 생각해냈다. 너무 빠르게 달라져서 놓칠 수 있는 그 순간의 색상을 잡기 위해서였다.

"색은 하루 종일 나를 집착하게 하고, 즐겁게 하고, 그리고 고통스럽게 한다"라고 말할 정도로 모네는 자신의 그림에서나 정원에서나 색에 대한 집착과 열정이 가득했다. 그의 그림을 자세히 살펴보면 알 수 있듯, 그의 수련 그림에는 수평선이 없다. 물에 반영되는 하늘, 캔버스를 가득 채우는 물과 빛에 의해 반짝이는 순간의 물결이 모여 한 폭의 영원한 그림이 되어간다. 모네는 정원에 수련 연못을 만들고 연작을 많이 그릴 정도로 좋아해서 이 그림들이 황혼기 대표작으로 꼽히기도 한다.

이 외에도 모네는 〈정원의 여인들〉에서 전부 다른 포즈를 취한 카미유의 모습을, 〈임종을 맞는 카미유〉에서는 수련을 그리기 전 즉, 모네가 평생 동안 사랑했던 아내 카미유의 마지막 순간을 포착했다. 흰색, 회색, 보라색 물감이 눈보라를 일으키는 듯 생기가 전혀 느껴지지 않는 전체적인 분위기의 이 그림을 모네는 발표하지 않았다. 카미유가 세상을 떠나고 40년 뒤에야 친한 친구이자 후원자였던 조르주 클레망소(Georges Clemenceau)에게 그녀의 죽음에 대해 털어놓았다고 한다. 그는 그녀의 죽음 앞에서도 시시각각 짙어지는 색채의 변화를 본능적으로 추적하는 자신을 발견하게 되었다고 한다. 아주 사랑했던 여인이지만 그녀가 죽어가는 동안에도 무의식중에 빛과 그림자 속에 드러난 색을 구별하고 있는 자신을 발견했던 것이다. 시시각각 변하는 인상을 포착하기 위한 모네의 피나는 노력을 실감해볼 수 있는 부분이다. 사랑하는 사람의 죽음 앞에서도 그것을 맨눈으로 보려는 습관이 작동했으니 말이다.

그동안 모네의 많은 작품들을 보면 수련과 물, 그리고 물에 비친 하늘의 시점이 주로 아래를 향하고 있었다. 하지만 그가 생전에 마지막으로 거주했던 지베르니(Giverny)에서 그려진 그림은 반대로 아래에서 위로 하늘을 올려보는 시점이다. 그리고 그동안은 물에 반사된 하늘을 간접적으로 표현했었다면, 이번에는 반대로 바람에 흔들리는 꽃과 하늘이 맞닿아 있는 경계에 반사된 연못을 그리기라도 한 듯 푸른 하늘이 물결처럼 반짝인다. 죽기 전까지 모든 열정을 불태우며 물의 반영에 집착했던 화가가 이제는 담담하게 하늘을 바라보는 것 같아 마음이 아련해진다.

이 땅에서 할 일을 다 마쳤기에 떠날 때가 왔음을 본능적으로 알아차렸던 것일까. 끝까지 붓을 놓지 않고 고개를 들어 하늘과 캔버스를 번갈아가며 끝까지 색으로 채웠을 그림에 대한 열정과 집념으로 인해 그는 어떠한 두려움도 후회도 없었으리라. 모네는 말년에 백내장으로 거의 시력을 잃었지만 그림 그리기를 끝까지 멈추지 않았다. 그는 1926년 86세를 일기로 지베르니에서 생을 마감했다. 우리는 이즈음에서 두려움과 열정이란 미묘한 관계의 대립을 통해 한 끗 차이로 전혀 다른 결과를 이루어낸다는 것을 알아차려야 한다.

모네는 단순한 열정을 넘어 강한 집념과 집착을 보였다. 그가 가진 그림에 대한 미친 열광으로 아마 두려움도 겁이 나 달아나지 않았을까 하는 생각마저 든다. 두려움을 초월한 화가 클로드 모네의 굴곡진 일생을 모두 담은 작품을 감상할 때면 깊은 공감과 마치 한 편의 자서전을 보는 것 같은 느낌에 한없이 숙연해진다. 그림을 감상할 때는 그림만이 주는 감동도 있지만, 그 화가의 삶을 자세히 들여다보면 볼수록 더 깊은 공감과 감동을 얻을 수 있다. 만일 지금 삶이 두렵다면 그들처럼 이 두려움이란 감정을 이겨낼 만한 내 안의 뜨거운 열정을 찾아보는 것은 어떨까? 나는 지금 무엇을 원하는지 치열하게 고민해자.

나는 무언가를 새롭게 시작할 때 두려웠던 경험이 많았다. 지금 생각해보면 그 두려움은 좋기도 하고 나쁘기도 했다. 두려움은 나를 불안하게 하고 힘들게 했지만, 반면 두려움이 없었다면 용기 또한 존재하지 않았을 것이다. 아마도 안주하고 나태해졌을지 모르며, 더 이상 발전도 없었을 것이다. 지금까지의 익숙한 환경에서 벗어나 새로운 환경으로 가고자 할 때는 엄청난 저항과 용기가 필요하다.

결혼을 하고, 육아만 했던 내가 미술 강사로 새로운 진로 방향을 결정했을 때 두려움으로 가득 찼다. 하지만 해야겠다고 결심하고 행동으로 옮긴 순간부터는 오히려 두려움이 줄어드는 것을 느꼈다. 두려워서 해야 할지 말아야 할지 망설이고 시작도 하지 못했다면 지금의 나는 이 자리에 없었을 것이다. 진정으로 원했던 일이었고, 나 스스로가 선택한 길이었다. 때문에 결과가 좋지 않더라도 그 길로 나아가보는 것이 후회가 없을 거라고 생각했다. 오히려 생각이 많아지면 많아질수록 해야 하는 이유보다 하지 못할 이유들에 지배당하고 만다. 조금 더 단순하게, 쉽게 생각해보는 것이 훨씬 도움이 된다. 때로는 막연해 보이는 용기 앞에 오히려 두려움이 굴복당하기도 한다. 무지한 막연함이 결국 두려움을 이기는 것이다. 알면 두려움이 작용하고 모르면 용기가 생긴다.

작가라는 도전도 그랬다. 막상 어려울 법한 길을 선택해 걸어나가야 한다고 생각했을 때 막막하고 두려움이 앞섰다. 하지만 내가 하고 싶었고, 가치 있는 일이라고 생각했기 때문에 높은 장벽 같은 존재 앞에서 오히려 새로운 세계에 대한 기대감을 갖게 되었다. 새로운 세계로의 첫발을 디딜 때, 더 큰 세상으로 나아가고자 할 때는 언제나 설렘이 있다. 나에게 두려움은 아름다움이었다. 그리고 용기였다. 용기는 두려움이 전혀 없는 상태가 아니다. 하지만 두려움에도 불구하고 내가 원하는 것을 하고 말겠다는 의지는 나에게 용기를 가져다준다. 두려움에도 불구하고 행동하는 의지에 감동받은 내 안의 용기는 나를 결코 실망시키지 않을 확률이 크다. 보이지 않는 용기라는 실체는 언제나 주인을 위해 일할 채비를 하고 있다. 누구에게나 똑같이 주어진 능력을 스스로 작동시킬 수 있는 사람과 그렇지 못한 사람이 있을 뿐이다.

자신감을 가져도 모자랄 판에 우리는 막연한 두려움 앞에 처참하게 나약해지는 경우가 많다. 내가 계속 두려움에 시작하지 못했다면 이렇게 글을 쓰고 있는 나를 발견하지도 못했을 것이다. 나에게 열정이 있는 한 한계란 있을 수 없다는 것을 알게 되었다. 두려움과 용기를 과감하게 연결 짓지 못한다면 평생 핑계만 대며 남은 인생을 살다가 가게 될 것이다.

내 능력의 한계를 넘어서는 재미를 발견한다면 그 어떤 결핍도 나를 가로막지 못한다. 나의 한계란 최후의 인내이자 열정이다. 스스로 나의 한계를 넘어섰을 때 따라오는 기쁨이 내 인생의 행복의 질을 결정한다는 것을 깨달았다. 그리고 내가 하고자 마음먹은 것에는 결코 한계란 없다는 것 또한 알게 되었다. 지금 나는 누구보다 열정의 아이콘이 되었다.

넘지 못할 산이 없듯이 결국 나를 가로막을 한계도 없다. 내 아이들은 엄마의 살아 있는 열정과 수많은 도전을 보았고, 또 성공을 지켜보았다. 부모가 되면 '열정'의 에너지를 당연하다는 듯 자녀에게 쓰는 경우가 많은 것 같다. 하지만 자녀에게 용기와 열정이란 것을 가르치고 싶다면 부모인 나부터 열정을 되찾는 게 먼저가 아닐까? 자녀를 향한 부모의 그 열정이 오히려 그 작은 아이에게 부담이 될 수 있다는 것을 알았으면 좋겠다. 열정은 어찌 보면 나와의 밀당이다. 자신의 한계는 그 누구도 아닌 자신이 만들기 때문이다.

'벼룩 여왕'으로 유명한 미국의 곤충학자 루이저 로스차일드(Louisa Rothschild) 박사가 연구한 결과에 따르면, 벼룩은 무려 약 30cm 정도로 자신의 키보다 몇 백 배가 넘는 높이뛰기를 한다고 한다. 박사는 한 무리의 벼룩을 실험용 대형 용기에 집어넣고 투명한 유리로 덮었는데, 뛰어오르는 습성이 있는 벼룩들이 처음에는 유리 덮개에 탁탁 부딪히다가 점점 소리가 잦아들었다고 한다. 그리고 얼마 뒤 유리 덮개를 열었더니 벼룩의 뛰는 높이는 그저 일정했다고 한다. 충격적이지 않을 수가 없다.

인간의 습성도 이와 비슷하지 않을까. 자신에게 적합한 환경을 만들고 습관적으로 그 안에 자신을 가두고 만다. 충분히 도약할 수 있는 잠재력이 있음에도 불구하고, 자신의 능력을 사용해보지도 못하고 일상에 적응한 채 미리 꿈을 포기하고 있는 사람들이 많다. 이런 이들에게 조금이나마 이 책이 자극제 역할이라도 되길 바랄 뿐이다. 그렇다면 우리에게 지금 필요한 것은 무엇일까? 한계라고 생각했던 높이를 거뜬히 뛰어오른 벼룩의 용기처럼 내 안에 잠재된 열정을 지필 불씨가 시급하지 않을까?

느릴 수는 있어도 포기란 없다

고갱 作, 〈타히티의 여인들〉　　　출처 : Artvee.com

화가 고갱(Paul Gauguin)의 삶을 들여다보면 그가 진정 원했던 꿈은 자신만의 예술 세계를 발견하는 것이었다. 자신만의 개성이 넘치는 유일무이한 세계, 즉 한 치의 의심도 없이 "이것이 나 고갱이다"라고 말할 수 있을 정도로 자신만의 확고한 예술 영역을 간절히 만들고 싶어 했다. 그리고 그는 마침내 그 꿈을 이루었다. 앞으로는 오직 원시와 야생만을 그리기로 한 고갱은 마침내 자신만의 깊은 우물을 찾은 셈이다. 고갱뿐만 아니라 유명 화가들이 남긴 교훈은 그들이 고뇌를 통해 스스로 자신만의 깊은 우물을 발견하고, 스스로 꿈을 길어 올렸다는 것이다. 그리고 나서는 누가 뭐래도 묵묵하게 자신의 길을 걸어나갔다. 그들뿐만 아니라 지금 이 순간에도 우리들의 꿈은 찬란히 빛나고 있다. 내 안에 간직한 그 꿈을 발견하고, 퍼 올리는 노력의 결실은 내가 이 세상을 살아가야 하는 강력한 이유를 제공해준다. 다만, 느릴 수는 있다. 하지만 결코 포기란 없다. 자신이 살아가야 하는 이유를 아는 것만큼 의미 있는 삶이 또 있을까.

불가능해 보였던 꿈을 포기하지 않고 도전하는 과정을 그린 〈기적〉이라는 영화를 보았다. 1988년 경상북도 봉화군 소천면 분천리에는 역명부터 시작해 대합실까지 모든 것을 마을 주민의 손으로 만든 대한민국 최초의 민자역 '양원역'이 있다. 이러한 이야기를 모티브로 허구적인 요소가 더해졌지만, 세상에서 제일 작은 기차역을 통해 세상과 연결된 이들의 이야기를 온기 넘치는 웃음과 감동으로 담아낸 기적의 영화다. 영화에서는 '포기란 없다', '기차가 서는 그 날까지'라는 슬로건을 담고 있는데, 무척 감동적인 영화였다.

영화에서는 마을과 시내를 오갈 수 있는 길은 기찻길밖에 없었다. 이것이 불만인 주인공은 청와대의 대통령에게 54번째 편지를 써서 보낸다. 그런 주인공을 적극적으로 돕는 인물이 있는데, 그녀는 대통령의 마음은 그렇게 얻는 것이 아니라며 설득력 있는 편지 쓰기와 맞춤법 수업, 그리고 장학퀴즈에 출연해 유명해지기 등 다양한 전략을 제시한다. 주인공은 그녀의 뜻대로 모든 것을 수행했으며 기차역 짓기 프로젝트를 이어간다.

실제를 바탕으로 만들어진 작은 '삽질'에서 시작된 이 기적이라는 영화를 정말 감명 깊게 보았다. 얼마의 시간이 걸렸든, 결국 1988년 세상에서 제일 작은 기차역이 만들어진다. 생각한 것은 결국 되게 마련이다. 다시 말해서 내가 '하고 싶다'고 생각하는 일은 다 할 수 있는 것들이다. 그러므로 만일 지금 내가 뭔가 생각하고 있는 것이 있다면 실패니 좌절이니 위험성이니 그런 것들을 두려워하지 말고 일단 도전해보는 용기를 갖자. 거기서부터 작은 첫걸음이 시작된다.

예를 들어, 살을 빼고 싶어 하는 사람은 살을 뺄 수 있고, 운전면허를 따고 싶다고 생각하면 딸 수 있다. 하고 싶다고 생각하면서 되지 않는 사람은 하려고 하지 않은 것이지, 되지 않는 것이 아니다. 인간은 살아가면서 많은 핑계를 찾는다. "아직은 때가 아니라", "OO 때문에", "시간이 안 맞아서"와 같은 말을 정말 많이 사용하기 때문이다.

이것저것 지나치게 많이 생각하고 우선순위를 따지느라 결정을 내리지 못한다. 예를 들어 운전 면허를 따야겠다고 생각했다면 운전 학원에 등록하고 배우러 다니면 된다. 그런데 시간이 없다거나 돈이 여유가 없다거나 당장 운전할 일이 없다 등등 온갖 이유를 대면서 자기의 노력 부족을 감추려고 하는 경향이 있다. 정말로 무슨 일이 있더라도 원하는 것을 얻고 싶고, 그것이 나에게 우선순위라면 시간도 돈도 먼저 거기에 쏟아부을 것이다. 결국 마음가짐이나 우선순위를 확실하게 정하지 못해서 생기는 일이다.

나는 어느 날 강사가 되어야겠다고 생각했고, 도전하기 위해서 필요한 행동을 찾아 실천하기 시작했다. 목표가 생겼으면 이루기 위한 행동력이 필요했다. 먼저 '해야 하는 이유'라는 목표의식을 세웠고, 과정을 도와줄 스승을 찾았다. 열린 자세로 배우고자 하는 사람에게 스승은 나타난다는 말을 나는 실제로 경험했다. 내가 마음을 먹고, 배울 자세를 취했더니 정말 옆에는 훌륭한 스승님이 계셨다. 그분은 바로 엘림복지사회서비스를 운영하고 계시는 이난숙 대표님이셨다. 보건대학 사회복지학과 교수님이시기도 하다. 스승님께 도움을 청했고, 그분을 믿고 하라는 대로 나는 그대로 실천했다. 그리고 결국 강사의 꿈을 이루었다. 스승님은 제자의 성공을 그 누구보다도 기뻐해주셨다.

　도전 끝에 강사로서 열정 넘치게 활동하는 내 모습을 보고 영향을 받은 친구들도 있었다. 나는 그들에게도 적극 추천해주고 싶었고, 함께 성장하고 싶었다. 나로 인해 강사에 도전한 친구가 두 명이나 있다. 남에게 어떤 영향력을 끼치는 것이 참 보람된 일이란 걸 알게 되었다. 나는 애초에 의사가 되겠다는 생각을 해본 적이 없다. 그러니까 의사는 될 수 없었다. 내가 될 수 없는 것은 되려고 생각하지도 않았다. 되려고 생각하지 않는다면 되지 못하는 게 당연한 이치다. 때문에 내가 하려고 생각하는 모든 것은 이루어질 가능성이 매우 크다고 생각한다. 그리고 남이 시켜서 하는 게 아닌, 내가 하고 싶어서 하는 일은 핑계가 필요 없다는 것 또한 도전을 통해 확실히 알게 되었다. 무엇인가를 추구할 때 그 답은 이미 나의 내면에 있다. 내가 원하는 그 답을 향해 앞으로 나아가기만 하면 되는 것이다. 내가 마음속으로 간절히 상상한 것은 되게 마련이니까.

　나는 인생의 첫날 같은 경험을 많이 했다. 오늘부터 다시 시작한다고 생각한 순간이 바로 내 인생의 첫날이었다. 미술 강사가 된 후 나는 배움의 욕구가 더욱 커지기 시작했다. 그래서 다음 과정으로 대학원 진학에 도전했다. 대학원 진학 과정도 속전속결로 이루어졌다. 나는 목표한 바가 있으면 그것만 생각하는 버릇이 있다. 그리고 내가 결정한 일에 대해서는 절대 핑계를 대지 않는다. 그렇게 스스로 결정한 일을 하나하나 성취하며 나에 대한 믿음을 키워나갔다. 그 후 나의 선한 영향력은 누군가 또 한 사람을 도전할 수 있도록 움직였다.

나로 인해 누군가의 잠들었던 도전 의식이 깨어나고, 그걸 실행하도록 돕는 일은 큰 보람이었다. 나는 대학원 과정을 모두 마침과 동시에 또 다른 도전을 하고 있는 중이다. 바로 이루고 싶은 꿈 중 하나인 작가가 되는 것이다. 언젠가는 책을 쓰겠다는 막연한 희망으로 세월을 보냈다. 책을 많이 읽고 쓰다 보면 언젠가는 나도 작가가 될 수 있겠지 하는 막연한 생각을 가졌지만, 이제는 마음을 바꿨다. '언젠가는이 아니라 지금!'이라고 마음먹었다. 지금이 아니면 언젠가는 존재하지 않는다.

그렇다면 내가 작가가 될 수 있는 방법은 무엇일까 질문부터 던졌다. 내 주변에는 작가가 된 사람이 아직 없기 때문에 먼저 작가가 된 분들의 책을 검색해서 가능한 많이 구입했다. 역시 배울 준비가 되어 있으면 언제나 스승은 마법처럼 눈앞에 나타난다. 바로 책을 통해서 '한책협(한국책쓰기강사양성협회)'의 대표이자 나의 꿈을 현실로 이루어줄 수 있는 김태광 스승님을 만난 것이다. 그는 300권의 책을 집필했고, 12년 동안 1,100명의 평범한 사람들을 작가로 만들었지만, 과거 20대 시절, 작가가 되기 위해 5년 동안 출판사들로부터 500번 이상 퇴짜를 맞아야 했다고 한다. 그리고 꿈을 향해 한창 달려가던 시기였던 28살 때 아버지가 빚만 남겨두신 채 음독으로 세상을 떠나는 시련을 겪어야 했다. 그 후에도 많은 시련과 역경이 있었지만 결국 이겨내고 자신의 모든 꿈을 이룬 분이다. 힘들게 살아낸 그의 인생 역정이 내게 너무나 큰 감동을 불러일으켰다. 나는 역경을 극복하고 선한 영향력을 발휘하는 사람에게 마음이 간다. 나는 글을 통해 김태광 대표님이 자신만의 노하우로 한국책쓰기강사양성협회를 설립해 글쓰기, 책 쓰기 교육 과정을 운영한다는 것을 알았다. 그래서 바로 그 과정에 등록했고, 대표님은 과거의 자신처럼 어렵게 길을 헤매는 사람들이 없기를 바라는 선한 마음에서 정말 세심하게 코칭해주셨다. 그 가르침대로 최선을 다한 결과 나의 계획보다 엄청나게 빠른 속도로 꿈을 현실로 이뤄가고 있다. 특별한 스승님을 만나 무엇과도 바꿀 수 없는 가장 귀한 시간을 아꼈다는 것은 너무나 감사한 일이다.

많은 사람이 성공하면 책을 쓰겠다고 생각할지 모른다. 그러나 김태광 대표님은 "성공해서 책을 쓰는 것이 아니라 책을 써야 성공한다!"라고 강력히 말한다. 그의 말에 나도 동감한다. 현재 내가 생각하는 삶의 성공을 위해 용기를 내어 세상에 나를 드러내는 삶을 살고 있기 때문이다. 언제나 내 삶을 사랑하고, 내 자신에게 끊임없는 관심과 무한한 사랑을 주다 보면 내가 나를 돕고, 스승이 나를 돕는다는 것을 깨달았다. 누군가 나의 이야기를 읽고 있는 모습을 상상하면 가슴이 두근거리고 설렘으로 가득하다. 지금도 그렇다. 이 글을 읽고 용기를 낼 사람이 적어도 한두 사람 이상은 될 테니 그것으로도 너무 행복하다.

내가 누군가에게 희망이 되고, 영향력을 끼친다는 사실은 내가 살아 있음에 큰 의미가 있다. 아직 해야 할 일이 많은데도 불구하고 안타깝게도 고인이 된 나의 배우자를 포함해, 내가 살고 있는 오늘을 간절하게 살아내고 싶었을 사람들은 너무나 많을 것이다. 나의 삶을 사랑하기 시작한 후부터 나는 그분들의 몫까지 힘껏 살아내야 한다는 사명감을 느낀다. 나의 하루하루는 정말 소중하다. 내게 당연하게 주어진다고만 생각했던 매일은 선물이었고, 매우 소중한 것이었다. 내가 어느 날 이 세상을 떠난다고 해도, 나의 잘사는 모습은 나의 가장 소중한 자녀, 그리고 누구에게라도 선한 영향력, 배움의 유산을 남겨줄 수 있을 것이다. 이것만큼 의미 있는 인생이 또 있을까?

내가 과거에 비해 180도 바뀌게 된 계기는 나의 배우자가 생전에 내게 남기고 간, 선물과도 같은 그의 모습이다. 부지런함과 도전, 건강 관리, 끊임없이 자기계발을 하는 모습을 보여주었던 남편은 나의 마중물이 되어주었다. 나 자신도 모르고 있던 나의 마음 속 깊은 우물에서 꿈을 퍼 올릴 수 있게 온몸으로 마중물이 되어준 나의 배우자는 평생 나의 은인이다.

나도 미약하게나마 누군가의 도전 의식을 끌어올려줄 수 있는 귀한 마중물이 되고 싶다. 인생은 얼마든지 만회가 가능하다는 것을 경험을 통해 느꼈다. 우리는 어느 누구나 마음 속 깊은 곳에 우물을 품고 살고 있다. 자신도 모르는 꿈이 내 안에서 찰랑찰랑 빛나고 있다. 단지 내가 모를 뿐이다. 내 안에 숨어 있는 소리에 귀를 기울여보자.

나처럼 소중한 누군가를 잃거나 큰일을 경험하지 않더라도 사람은 마음만 먹으면 얼마든지 변화할 수 있다. 고요히 내 마음에 귀 기울이는 정성을 쏟는다면, 어느 순간 내 안의 깊은 우물에서 찰랑거리는 소리로 "나 여기 있어" 하고 대답해줄 것이다. 그리고 내가 오늘부터 다시 시작한다고 마음먹은 순간, 그 기회는 언제나 나에게 돌아온다는 사실을 잊지 않았으면 좋겠다.

오직 사랑과 예술만으로
찬란하게 빛났던 젊은 날

앙리 마티스 作, <이카루스>　　출처 : 저자가 그린 모작

"너와 함께한 시간 모두 눈부셨다. 날이 좋아서, 날이 좋지 않아서, 날이 적당해서 모든 날이 좋았다. 그리고 무슨 일이 벌어져도 네 잘못이 아니다."

드라마 〈도깨비〉의 명대사다.

'네 잘못이 아니다…', '네 잘못이 아니다…' 머리 속으로 계속 이 말을 되뇌었다. 이별을 겪으면 모든 노래 가사가 내 이야기가 되듯이 드라마 〈도깨비〉의 주인공은 당연 내가 되었다. 모든 사람들이 겉으로는 아닌 척하지만 속으로는 나를 손가락질하는 것 같았다.

인간의 속마음이 보이지 않게 설계된 것은 정말 신의 축복이다. 인간이 애초에 서로의 마음을 읽을 수 있게 태어났다면 한시도 조용할 날이 없지 않을까 하는 마음에 아찔한 안도의 한숨을 쉰다. 아무튼 참 감사하다. 속으로 그들이 무슨 생각을 하든, 나는 그들의 생각을 들을 일은 없을 테니까 말이다.

단지 내 곁을 떠난 그 사람의 생각, 음성을 더 이상 들을 수 없다는 사실만이 나를 더욱 고통스럽게 할 뿐이었다. 내가 처한 상황이 도대체 어떤 상황인지 누가 납득시켜주길 바랬다. 아무리 스스로 괜찮다, 괜찮다고 중얼거려도 괜찮아지지 않았다. 그 사람의 음성으로 직접 듣고 싶었다. 그렇게만 말해주고 다시 떠난다고 해도 그 힘으로 나는 앞으로 잘살 수 있을 것만 같았다. 말도 안 되는 생각을 할수록 마음은 점점 고통에 찌들어갔다. 이루어질 가능성이 있는 것을 우리는 소망이라고 말한다. 하지만 이루어지지 못한다는 것을 이미 알고 있는 것은 소망이라고 말하지 않는다. 그냥 억지일 뿐이다. 꿈에서조차 나타나지 않는 그 사람을 만날 길이 없었다. 나는 그렇게 인생의 벼랑 끝에서 떨고 있는 것밖에는 아무것도 할 수 있는 게 없었다.

다만, 내가 할 수 있는 것은 그가 생전에 즐겨 읽었던 책을 대신 읽는 일뿐이었다. 그의 손길과 마음이 닿았던 책을 펼치면 그의 흔적을 볼 수 있었다. 그 순간만큼은 마치 그의 생각과 나의 생각이 합이 되는 것처럼 느껴져서 마음이 편해졌다. 그러다 어느 날, 한 여류 작가의 이야기를 읽게 되었다. 그러면서 지금 나의 절망적인 상황을 바라보는 시각을 돌리는 계기를 맞이하게 되었다.

작가가 된 델마 톰슨(Thelma Thompson)의 이야기였다. 이야기의 주인공 델마 톰슨은 작가가 되기 전, 군인이었던 남편을 따라 모하비 사막 훈련소로 가게 된다. 남편이 나가면 그녀는 오두막에 혼자 남았다. 지독한 무더위와 모래바람, 기어다니는 도마뱀들, 섭씨 45도를 오르내리는 지독한 무더위로 인해 음식도 금방 쉬어버리는 곳이었다. 그녀는 그런 환경들로 인해 사막에 간 지 몇 달 만에 심한 우울증에 빠지고 만다. 그리고 고향의 부모에게 사는 게 지옥 같으니 차라리 감옥에 가는 게 낫겠다는 편지를 보낸다. 그러나 아버지의 답장에는 다음과 같은 두 줄만 적혀 있었다.

"감옥 문창살 사이로 밖을 내다보는 두 죄수가 있다. 하나는 하늘의 별을 보고, 하나는 흙탕길을 본다."

이 두 줄의 글이 그녀의 인생을 바꾸어 놓는다. 그 후 그녀는 기피했던 인디언들과 친구가 되어 멍석 짜기와 공예 기술을 배우고, 주변 식물들과 동물들을 관찰하며, 신비한 아름다움을 찾았다. 그녀는 사막 생활에서의 기쁨을 찾은 후, 그것을 책으로 출간해 소설가로 변신한 것이다.

사막은 변하지 않았다. 그녀의 생각만 바꿨을 뿐인데 사막은 지옥이 아니라 온갖 경이로움과 평화가 가득한 천국으로 변했다. 지옥은 결국 나 스스로 만들어내는 것이라는 교훈을 얻을 수 있었다. 생각을 돌리면 비참한 경험이 가장 흥미로운 인생으로 변할 수 있다는 것을 깨닫게 되면서 나에게도 마음의 평화가 찾아왔다. 희미하게나마 한줄기 희망을 본 것 같아서 처음으로 안도감을 느꼈다. 나는 감옥의 문창살을 통해 나의 별을 찾을 수 있을까? 나의 젊은 날을 찬란히 비추어줄 별은 어디에 있을까?

앞서 그림은 화가 앙리 마티스(Henri Matisse)의 〈이카루스(Icarus)〉라는 작품이다. 작품 속의 이카루스는 그리스로마신화에 나오는 인물 중 하나다. 이카루스는 날개를 가지고 하늘 끝까지 날아가고 싶은 소망을 가지고 있었다. 마침내 날개를 갖게 된 이카루스는 자유롭게 날아다니며 비행 연습을 했다. 익숙한 곳을 날아다니며 자유를 만끽하던 것도 잠시, 익숙함은 곧 이카루스를 지루하게 만들었다. 더 높이 올라가고 싶고, 자신의 욕망을 시험해보고 싶었다. 하지만 아버지는 절대로 높이 날지 말라고 신신당부했다. 이카루스는 자신의 실력을 아버지에게 인정받고 싶었다. 사람은 누구나 자신의 능력을 부모에게 인정받고 싶듯, 이카루스는 그런 인간의 마음을 대변하고 있는 것 같다.

그러던 어느 날 이카루스는 하늘 끝까지 올라가게 된다. 그리고 낮은 곳에서 비행할 때는 몰랐던 황홀함과 흥분을 느꼈다. 왠지 이상과 꿈을 이룬 것 같은 기분에 자신의 전부를 걸고 끝까지 올라간다. 하지만 잠시 후 이카루스는 뜨거운 태양에 날개가 타버리는 바람에 땅으로 떨어지고 만다. 자신의 이상과 꿈을 실현했다고 생각한 그 찰나의 순간을 맛보고 삶을 안타깝게 마감한다.

이 신화는 우리에게 어떤 교훈을 주고 있을까? 부모의 말을 듣지 않아서 벌을 받았다고 해야 할까? 아니면 자신의 모든 한계를 뛰어넘는 도전을 한 이카루스를 칭찬해야 할까? 그것은 각자의 몫이다. 나는 이카루스의 도전 정신을 높게 평가한다. 인생에서 한 번쯤 자신의 모든 것을 걸 정도로 간절함을 갖는 것, 그리고 그것에 도전할 수 있다는 것은 큰 축복이라고 생각하기 때문이다. 만약 나에게 이카루스처럼 날개가 생긴다면 나는 어떤 선택을 할 수 있을까? 마치 뜨거운 태양을 삼켜버린 듯 보이는 이카루스의 붉은 심장은 어쩌면 내 안에도 아직 열정이 숨 쉬고 있다는 것을 간접적으로 말해주고 싶은 것은 아닐까?

그림은 그린 사람의 삶에 관심을 갖고 스토리를 알면 전과는 전혀 다른 깊이의 눈으로 감상할 수 있다. 화가의 그림을 보면 그의 삶이 오롯이 담겨 있기 때문이다. 나 자신을 들여다보듯 그림을 그려낸 화가의 삶에 공감하면 나와 동일시되는 '몰입'이란 것을 경험할 수도 있다.

마티스는 법관이 되기 위해 공부했다. 하지만 어느 날 마티스의 재능과 창작의 열정을 깨우는 계기를 맞으며 결국 법관을 포기하고 화가가 된다. 마티스 역시 가슴이 시키는 삶을 살았다. 그는 어둠은 검은색, 밝음은 흰색이라는 편견을 버리고 자신만의 독특한 그림풍을 만들었다. 마티스의 라이벌이었던 피카소는 "마티스 뱃속에는 태양이 들어 있다!"라고 평가할 정도였다.

그 후 마티스는 72세에 암에 걸려 큰 수술을 받게 되었다. 쇠약해진 마티스는 이제 더 이상 이젤 앞에서 그림을 그릴 수 없게 된다. 하지만 화가로서의 삶을 끝까지 포기하지 않았다. 대신 자신만의 새로운 기법을 연구했다. 그 기법은 '색종이 오려 붙이기'였다. 마티스는 색종이로 형태를 만들어 붙이는 방법으로 많은 작품을 완성했고, 오히려 가위는 연필보다 훨씬 감각적이라고까지 말했다. 꽃과 구름, 별 등을 찬란한 색의 색종이를 이용해 표현했다. 죽음을 앞둔 노년의 그는 예술을 포기하지 않고 붓 대신 가위로 작품 활동을 이어간 것이다.

이 무렵 완성된 작품들에는 절망이 아닌 어린아이의 쾌활함이 스며 있다. 그의 일생에서 가장 평화롭고, 새로운 작품을 쏟아내게 한 그만의 긍정 에너지는 누가 봐도 존경할 만하다. 침대 위에서 색종이를 오려나간 것을 계기로 마티스는 색채의 천재성을 자유분방한 감각과 함께 발휘해 많은 걸작을 남겼다.

마티스의 선명하고 강렬한 색채는 활력을 불러온다. 그의 작품에는 걱정스러운 주제가 없다. 그는 그저 즐거운 사람들 그 자체를 표현하고 싶었다고 말한다. 그래서 그런지 그의 작품을 보고 있으면 색채에서 느껴지는 행복감이 있다. 복잡하지 않고 아이 같은 순수성이 돋보이는 그의 작품은 우리의 어수선한 마음을 단순하게 정리해주는 것 같다.

마티스는 자신이 그린 이카루스의 심장처럼 마지막까지 예술 혼을 뜨겁게 불태우다 세상을 떠났다. 오직 예술에 대한 사랑으로 찬란하게 빛났던 마티스처럼 우리들의 젊은 날도 후회 없이 살아갈 수 있기를 바라본다. 그리고 나도 저들처럼 나의 뜨거운 심장을 꼭 다시 되찾으리라.

클림트, 태어날 때부터 화가였다

클림트 作, <키스>　　　　　출처 : Artvee.com

"모든 예술은 에로틱하다."

발칙하게 느껴지기까지 하는 이 도발적인 말을 한 주인공은 바로 클림트(Gustav Klimt)다. 황금으로 장식된, 서로를 꼭 끌어안고 있는 연인을 그린 그의 대표작 〈키스〉를 모르는 사람은 없을 것이다. 전 세계적으로 가장 사랑받는 그림 작품 중 하나기 때문이다.

온갖 화려한 꽃들이 만발한 아름다운 꽃밭에서 남녀가 껴안고 있다. 무릎을 꿇은 여인의 화려한 황금색 의상 밖으로 드러난 어깨의 실루엣이 여성스럽다. 두 남녀가 입고 있는 황금색 옷의 기하학적 무늬는 고귀한 사랑을 다룬 아름다운 영역임을 상징한다고 한다.

어떤 성스러운 의식을 준비라도 하는 듯 남녀의 머리카락은 아름다운 꽃으로 단장되어 있다. 두 사람을 감싸고도 남을 만큼 커다란 남자의 의상은 마치 둘이 곧 하나가 될 것을 암시하고 있는 듯하다. 남자의 몸은 극히 일부만 묘사되어 있지만, 여인의 얼굴을 끌어안은 모습에서는 강한 남성성이 느껴진다. 남자의 입술이 다가오기만을 기다리는 듯 두 눈을 감은 여인은, 그 순간만큼은 모든 것을 초월한 듯한 표정이다.

남자의 목덜미에서 쥐지도, 펴지도 못하는 여인의 가녀린 손은 관능적 초대에 대한 기대, 또는 두려움에 젖어 있는 듯도 하다. 지면의 꽃밭은 화려하지만, 충분하게 넓거나 안전한 평지는 아니다. 그래서일까. 여인을 지탱하고 있는 구부러진 발끝이 왠지 위태로워

보인다. 모든 남녀의 사랑에 필연적으로 뒤따르는 불안하고 위험한 요소들을 표현하고 있는 것일까? 부디 두 사람의 사랑이 황금처럼 변함없는 아름다움을 간직한 채 영원하기를 바라본다. 황홀경의 파도가 넘실거리는 듯한, 행복한 이 그림은 황금 장식이 우아하고 고급스러움을 더해준다.

클림트의 작품 〈키스〉는 그 유명세만큼 우리의 일상생활 곳곳에 스며들어 다양하게 활용되고 있다. 하지만 이 화려하고 아름다운 그림을 탄생시킨 화가 클림트에 대해서는 과연 얼마나 알고 있을까? 클림트라는 거장의 이름은 무척 익숙하지만 동시에 낯설기도 하다.

클림트는 귀금속 세공사였던 아버지로부터 천부적인 예술 재능을 물려받았다. 그는 태어날 때부터 천재 화가였다. 일찍이 재능을 인정받았고, 성공에 대한 끈기와 열정까지 겸비했다. 결국, 14세라는 어린 나이에 오스트리아의 최고 명문 빈 미술공예 학교에 입학하게 된다. 그리고 오스트리아에서 최고의 미술 교육을 받은, 21세의 클림트는 이미 최상급 수준의 실력을 갖추고 있었다. 하지만 미술 천재 클림트의 그림은 그때까지만 해도 빼어난 기교를 자랑할 뿐, 자신만의 철학과 개성을 보여주지 못하고 있었다.

그러다 어느 날 아버지와 친동생의 갑작스러운 죽음을 맞닥뜨린 클림트는 큰 충격과 슬픔에 빠지게 된다. 그는 태어나 처음으로 존재의 밑바닥을 경험하게 된다. 그리고 지금까지의 삶과 더불어 자신의 예술을 돌아보기 시작한다. 결국, 그는 그림 안에 정작 자신이 없다는 것과 철학과 개성이 빠져 있다는 것을 깨닫는다. 그리고 그는 오스트리아 미술계를 발칵 뒤집어놓을 일을 계획한다. 더는 권력자가 추구하는 보수적인 예술이 아닌, 예술가가 직접 보고 느끼는 진실을 자유롭게 표현하겠다고 선언하고 나선 것이다. 당시 빈 미술계를 주무르던, 보수적인 주류 세력은 클림트를 냉대하고 나섰다. 그래도 클림트는 전과 비교해 상상조차 할 수 없는 파격적이고, 화려하고, 장식적인 화풍으로 변신을 시도한다.

클림트의 〈키스〉는 그렇게 탄생했다. 이 그림에서 보듯 클림트의 작품은 굉장히 화려하고 장식적인 느낌이 강하다. 그래서일까. 그는 왠지 로맨틱했을 것 같다는 생각이 든다. 그는 과연 어떤 사람이었을까?

클림트는 여러 사람과 어울리기보다는 고독을 좋아했다. 고독 속에서 자신과 마주하는 시간을 통해 마음을 추스르고, 영혼의 힘을 받고서야 영감을 얻곤 했다. 그래서 세상과의 거리 두기가 반드시, 언제나 필요했다. 지친 상황이 이어지거나 갈등이 생기면 그는 잠시 휴식과 비움의 시간을 갖고 다시 에너지를 채워 넣을 준비를 했다. 아마도 고독은 예술가에게 필수조건인 듯하다. 만약 클림트가 혼자만의 고독한 시간을 충분히 가지지 못했더라면, 우리는 그의 천재적인 대작들을 감상할 기회를 갖지 못했을 것이다.

천재는 언제나 새로운 시대를 만들어낸다. "평범한 사람은 자신의 주위만을 밝히는 손전등이며, 천재는 전 세계를 비추는 태양이다"라는 말이 있듯이, 천재는 모두가 같은 것을 봐도 전혀 다른 새로운 눈으로 그것을 본다. 그리고 그는 그것을 다르게 생각할 수 있는 능력을 장착하고 있다. 무엇인가를 창조한다는 것, 나만의 세계를 창조한다는 것은 참 설레는 일이 아닐 수 없다.

천재 화가 클림트의 천재적 삶을 들여다보고 있노라면, 우리나라 강화도에서 유명한 화문석(花紋席) 이야기가 생각난다. 화문석은 무늬가 있는 것이고, 무문석은 아무 무늬가 없는 민짜다. 그렇다면 화문석과 무문석 중 어떤 게 더 비쌀까? 예상을 뒤엎고 무늬가 있는 것보다 무늬가 없는 것이 더 비싸다. 왜냐하면, 화문석은 무늬를 넣다 보니 짜면서 재미있고, 반대로 무문석은 민짜라 짜는 사람이 지루함을 느껴 훨씬 힘들다는 이유 때문이란다. 즉, 무문석은 오로지 완성을 위한 지루한 노동을 내포하고, 반면 화문석은 무늬를 넣을 기대감에 짜는 사람의 신바람을 불러일으킨다는 것이다. 내가 존경하는 이어령 선생님은 인생도 이와 똑같다고 말씀하셨다. 세상을 생존과 의식주만을 위해 노동하고 산다면, 평생 고된 인생에서 벗어날 수 없겠지만, 고생까지도 자신만의 무늬를 만들어내는 대상이라고 생각하며 즐겁게 견뎌내면 가난해도 행복한 거라고 말이다.

한순간을 살아도 무늬가 있는 화문석으로 살라는 이야기다. 공자는 자신이 좋아서 하는 일이면 자는 것과 먹는 것도 잊는다고 했다. 그는 의식주를 잊어버리는 게 진선미의 세계고, 인간이 추구하는 '자기다움'의 세계라고 표현했다. 그렇다면 나는 민짜로 살 것인가? 화문석으로 살 것인가? 답은 이미 정했다. 나는 당연히 화문석으로서 나답게 살리라 결정했다. 그 때문에, 이렇게 글도 쓰고 있다. 글을 쓰고 있는 지금이 가장 나다움에 가깝다. 공자가 말했듯이 의식주도 잊을 만큼 즐겁고 행복하다. 전혀 힘들지 않다. '자기다움'을 화문석에 비유한 설명은 정말이지 무릎을 탁 치게 만드는 깨달음을 준다.

클림트 또한 자기다운 삶을 살았다고 해야 할 것이다. 천부적인 재능을 가졌던 미술 천재 클림트. 그는 새로운 예술의 시대를 꽃피우기 위해 당대의 흐름에 맞서 싸웠다. 온갖 반발을 이겨내고 결국 예술가의 생각을 자유롭게 표현하는 새로운 예술의 씨앗을 싹 틔웠다. 그리하여 비로소 자기 삶의 진정한 주인이 되어 살아갔다.

그는 일찍이 천부적인 재능을 당대에 인정받았다. 그 때문에 권력자들이 찬양하는 고전주의 양식을 따라 그리기만 해도 마음 편히 먹고살았을 것이다. 하지만 천재 클림트는 역시 타고난 예술가였다. 무문석의 삶이 아닌, 화문석의 삶을 택한 게 그것을 증명해준다. 화문석으로서 일생을 살았던 예술가들은 모두 후대에 지대한 영향을 끼치며 자랑스러운 이름을 남겼다. 그들은 존재했다. 지금은 고인이 되신 이어령 선생님이 《이어령의 마지막 수업》에서 하신 말씀이다.

"너 존재했어? 너답게 세상에 존재했어? 너만의 이야기로 존재했어?"

허공에서 날아든 단도처럼 선생님의 물음은 날카롭다. 나도 아무리 성공과 부를 쌓는 게 좋다 해도 내 삶의 주인이 되지 않으면 아무 의미가 없다고 생각한다. 이왕이면 좋아하는 일로 성공과 부까지 거머쥔다면 최고로 행복하지 않을까. 모두가 클림트같이 재능이 있는 건 아니라고 불평할지도 모르겠다. 하지만 아인슈타인은 이렇게 말했다.

"모든 사람은 천재다. 그러나 물고기를 나무에 오르는 능력으로 평가한다면, 그 물고기는 평생을 자신이 멍청하다고 믿으면서 살 것이다."

물고기는 수영 천재다. 그 때문에 나무 오르기 천재가 아닌 것을 슬퍼할 필요가 전혀 없다는 뜻이다. 재능이 없는 게 아니고 무엇을 잘하는지 아직 못 찾았을 뿐이다. 자신이 무엇을 잘하는지 아직 발견하지 못했을 뿐이다. 많은 사람이 천재면서도 바보로 살아가는 이유다. 사람은 누구나 분명 뛰어난 부분을 갖고 있다는 뜻이기도 하다. 다만 그것을 찾는 사람과 못 찾는 사람으로 나뉠 뿐이다.

자신의 능력을 발휘할 수 있는 분야를 찾는 과정은 마치 재미있는 숨은그림찾기 게임 같다. 나는 지금도 계속 내 능력을 발휘할 수 있는 분야를 찾고 있다. 이미 찾은 것이 많음에도, 앞으로도 이 일을 계속할 예정이다. 나의 재능은 끝이 없이 무한할 것이다. 무엇보다 나를 알아가는 과정이 가장 즐겁다는 것을 알아버렸기 때문이다.

지금 나만의 이야기를 쌓아가는 이 시간도 무엇보다 의미가 있고 행복한 순간이다. 누가 뭐라 해도 나는 이 세상에서 유일한 존재다. 그것만으로도 특별하기에 무리에 속하지 않는다고 속상해 할 필요가 없다.

나는 나만의 길을 갈 것이다. 나로서 존재하기 위해 겪어야 하는 고독은 절대 고독이라고 할 수 없다. 클림트가 태어날 때부터 화가였듯이 우리 또한 다 천재다. 중요한 것은 내가 물고기인지, 사자인지, 새인지는 절대 남이 찾아주지 않는다는 사실이다.

"너 존재했어? 너답게 세상에 존재했어? 너만의 이야기로 존재했어?"

못 가본 길이 더 아름답다

고흐 作, <오베르의 교회>

출처 : Artvee.com

고흐 作, <까마귀가 나는 밀밭>　　　출처 : Artvee.com

　고흐가 그린 두 그림의 공통점은 그림 속 갈림길의 모티브가 한 눈에 보여진다는 것이다. 고흐가 파리 근교의 작은 시골 마을 오베르에 정착하게 되었을 때의 작품들인데, 그에게 작품 속 오베르 교회가 갖는 의미는 무엇이었을까. 고흐는 한때 탄광촌에서 목회자로서의 꿈을 갖고 열과 성을 다하던 때가 있었다. 그는 가난한 사람들에게 복음을 전하는 것이 자신의 사명이라고 믿었다. 하지만 부적격 사유로 결국 해고되고 만다. 그래서인지 자신이 가보지 못한 목회자로서의 미완성된 길에 대한 아쉬움을 드러내는 작품이라는 생각이 든다. 또한 갈림길은 생각의 방향과 갈등, 불안전한 마음에 대한 간접적 표현일 것임을 암시한다.

　오베르란 지역은 그가 죽기 전 약 70일간, 인생에서 가장 강렬하고 정열적인 불꽃을 태운 곳이라고 알려져 있다. 그는 안락한 삶을 살았다기보다는, 의미 있는 삶을 위해 자신의 열정을 불사르는 격정적 삶을 살았다고 해야 맞을 것이다. 모두가 그렇듯 자신의 못다한 꿈들은 아쉬움으로 가슴에 오래 남아 마음을 붙들어 놓는다. 그것이 어떤 이에게는 못다 한 사랑일 수도 있고, 어떤 이에게는 못다한 꿈일 수도 있다. 각자 나름의 가보지 못한 길이 분명 있을 것이다.

　나의 경우 가보지 못해 가장 아쉬운 길이 하나 있다. 나의 배우자와 아이들과 함께 부대끼며 인생에서의 희로애락을 끝까지 함께하지 못했다는 것이다. 아버지가 되었다는 기쁨도 잠시, 야속하게도 그에게 주어진 시간은 충분하지 못했다. 나는 그게 늘 아쉽고 마음이 저린다. 그래서 이루어지지 않는 사랑을 그린 영화를 보면 더욱 공감이 간다. 세월이 지난 고전 영화이기는 하지만 너무 재미있게 봤던 영화라 아직도 느낌이 생생하다. 바로 〈타이타닉〉이다. 이영화는 실제 타이타닉호 침몰 사고를 바탕으로 그 당시의 상황을 재조명한 영화다. 이 영화는 한때 세계를 감동과 슬픔의 도가니로 빠뜨렸었다. 당시는 지금보다 훨씬 어려서 가슴 아픈 사랑을 해본적도 없었는데, 얼마나 엉엉 울었는지 모른다. 특히, 주인공 잭이 마지막 남은 힘을 다 소진하고 바다 속으로 유유히 사라지는 장면에서 가슴은 미어졌다. 오만 가지의 감정과 슬픔이 교차되어 영화가 끝난 후에도 눈물샘은 마르지 않았다. 그 여주인공처럼 나도 할머니가 되어 과거의 그에 대한 기억을 더듬을 수 있을까? 내 생에 그렇게 감동적인 영화는 이후로도 본 적이 없다.

영화 속 선장은 빙산이라는 예측 불가능한 거대한 자연적 현상을 맞닥뜨리게 된다. 한순간 배는 침몰되기 시작하고, 생존자들이 구조선을 기다리며 체온을 유지하는 모습은 많은 이들로 하여금 눈물샘을 자극했다. 자신의 가족을 살리기 위해 희생하는 이의 모습이 생동감 있게 그려졌다. 그런가 하면, 자신의 연인을 지키기 위해 물속에서 손을 놓지 못하고 구조선을 기다리는 이들의 모습도 그려졌다.

내 가슴을 더욱 뭉클하게 했던 장면이 있다. 생사의 갈림길에서 요동도 없이 갑판에서 음악을 연주하던 이름 모를 단원들의 모습이었다. 승객들의 평정심을 위해 죽음을 무릅쓰고 찬송가를 연주하며 소명을 다한 그들이었다. 긴박한 상황에서 음악가로서의 본분을 잊지 않고, 사람들을 안정시키며 마지막 사명을 다했던 것이다. 뱃전이 기울어 중심을 잡을 수 없을 때까지 단원들은 연주를 멈추지 않았다. 진정 타이타닉호의 영웅들이라고 기억된다. 죽음 앞에서도 초연했던 그들의 모습이 아직도 잊히지 않는다. 또한 침실까지 물이 차올라 죽음을 앞둔 상황에서, 손을 꼭 잡고 포옹하고 있는 어느 노부부의 모습도 가슴 아픈 기억으로 남았다.

숨은 영웅은 또 있다. 타이타닉호는 배가 완전히 잠길 때까지 전원이 유지되고 있었다. 그것은 기술자들이 마지막까지 엔진실에 남아 자리를 떠나지 않기 때문이다. 그들은 배와 마지막 운명을 같이한 것이다. 재난 속에서 전기마저 사라져버렸다면, 암흑으로 인해 더욱 많은 목숨들이 수중고혼(水中孤魂)이 되었을 것이다. 죽음 앞에서 끝까지 소명을 다한 영웅들의 모습을 보며 숙연한 마음이 든다. 그래서 더욱 빛이 나는 영화였다.

영화 내용 중 주인공 잭의 대사 또한 인상 깊다. 저녁 식사 자리에 초대된 잭에게 정처 없이 떠도는 생활에 만족하냐고 누군가 기습적으로 물었고, 그 질문으로 인해 오히려 그가 빛났다.

"네, 만족합니다. 저는 필요한 걸 모두 가졌거든요. 제가 숨 쉴 공기와 그림을 그릴 종이도 있죠. 더욱 행복한 것은 하루하루 예측할 수 없고, 어디서 누굴 만날지도 모른다는 거죠. 예전에는 다리 밑에서 잤지만 지금은 세계 최고의 배에서 여러분과 샴페인을 들잖아요. 인생은 축복이니 낭비하기 싫어요. 미래는 아무도 모르는 법이죠. 어떤 일이 일어나든 대처하는 법을 배워요. 순간을 소중히 여깁시다. 매일매일을 소중히. 순간을 소중히."

떠돌이 생활을 부끄러워하지 않고 자신의 삶을 사랑할 줄 아는 잭이 정말 멋있었다. 과거에 얽매이거나 아직 오지 않은 미래를 걱정하느라 지금 현재의 행복한 순간을 놓치지 말라는 깨달음을 주는 대사로 힘껏 행복해야 한다고 강조한다. 순간순간의 선택에 따라 많은 것들이 바뀔 수 있기 때문에 모든 순간을 허투루 여기지 말아야 한다. 그리고 신중하게 결정하고 행동해야 한다. 모든 순간 내가 진짜로 원하는 선택을 하고, 그 선택에 최선을 다해야 한다는 배움을 준다.

이렇게 영화 〈타이타닉〉의 기억을 더듬어보며 내가 앞으로 살아가야 할 인생이라는 항해에 대해 생각해본다. 삶에 대해, 그리고 죽음에 대해 심도 있고 깊은 생각을 해본다.

살아남은 주인공 로즈가 할머니가 되어 잭과 이루지 못한 사랑에 대해 회상하는 장면이 참 아름다웠다. 이루어지지 않고도 사랑이 영원할 수 있다는 것을 아마도 그때부터 알았던 것일까. 절망의 순간에서조차 인생의 끝이 고귀하고 아름다워 보였다. 죽음의 문턱에 서조차 자신이 할 수 있는 모든 소명을 끝까지 이룬 사람들. 어쩌면 많이 남았을, 그들의 아직 다 못 가본 삶들이 너무 아쉽기만 하다.

기억에 남는 또 하나의 영화가 있다. 〈라라랜드〉라는 영화다. '라라랜드'는 꿈을 꾸는 사람들을 위한 별들의 도시를 뜻한다고 한다. 영화는 로스앤젤레스를 배경으로 재즈 뮤지션을 꿈꾸는 주인공 세바스찬과 배우를 꿈꾸는 미아의 꿈과 사랑에 대한 이야기다. 눈물 나게 아름답고 황홀했던 영화였다.

영화에는 각자의 꿈을 갖고 살아가는 두 주인공이 등장한다. 주인공 미아는 배우 지망생으로 헐리우드 진출을 희망하고 있었다. 주인공 세바스찬은 재즈를 무척 사랑해 뛰어난 피아노 솜씨를 통해 자신만의 재즈바를 차리는 것이 꿈이다. 주인공 미아는 길을 걷다 우연히 피아노 소리에 매료되어 클럽 안으로 들어가게 된다. 거기서 운명적으로 주인공 세바스찬을 만나고, 두 사람은 사랑에 빠지게 된다.

인생에서 가장 비참한 순간에 만난 두 사람은 미완성인 서로의 무대를 채워가는 과정을 함께한다. 사랑도 하고, 때로는 현실에 타협해가면서 서로가 꿈을 이루게 되는 과정이 씁쓸하면서도 아름답다. 미아는 세바스찬이 꿈을 포기하는 것 같을 때는 사랑의 충고도 마다하지 않는다. 미아는 세바스찬에게 꿈을 잊지 말라고 말하며 이렇게 말한다.

"사람들은 다른 사람들의 열정에 끌리게 되어 있어. 자신이 잊은 걸 상기시켜주니까."

다른 사람을 통해 자신이 잊고 있던 꿈을 찾을 수 있다니 감동적인 대사였다. 그들의 꿈은 서로에게 성장의 계기가 되기도 하고, 사랑의 장애물이 되기도 한다.

꿈을 향해 전력을 다하던 어느 날, 미아는 배우 일을 위해 파리로 떠나야 했고, 세바스찬은 재즈의 계승을 위해 LA에 남아야 하는 일이 생긴다. 꿈과 사랑 사이에서 남녀는 고민한다. 하지만 둘은 이미 답을 아는 듯했다. 꿈과 사랑의 얄궂은 선택의 기로에서 결국 둘은 자신들만의 길을 찾아간다.

시간은 흘러 5년 후, 배우의 꿈을 이루고 할리우드 스타가 된 미아는 세바스찬과 운명적으로 재회한다. 하지만 그녀의 옆은 어느 낯선 남자가 자리하고 있다. 세바스찬 역시 자신의 꿈이었던 재즈

바에서의 감동적인 연주로 관객들의 마음을 울렸다. 연주하는 동안 만큼은 어쩌면 가능했을지도 모르는 둘의 하나로 완성된 모습이 영화의 한 장면, 한 장면을 채워갔다. 물론 상상이다. 연주가 끝남과 동시에 영화는 우리를 다시 현실로 데려다 놓는다. 두 사람은 서로를 알아보고 멀리서 둘만의 눈인사를 나눈다. 옅은 미소와 함께. 서로에게 꿈을 이루었다고, 잘했다고 말해주는 눈빛이었다. 가슴이 미어졌다. 못다 한 사랑이었지만 결국 두 사람 모두 각자의 꿈을 이룬 셈이다. 꿈을 이뤘다는 것은 좋은 일이다. 하지만 둘의 사랑은 이루어질 수는 없었던 것일까.

인생이란 하나를 이루면 하나는 포기해야 하는 게 이치가 아닌가 싶다. 우리의 인생을 가만히 들여다보면 인생 자체가 선택의 연속이고, 크고 작은 선택들을 하면서 살아간다. 그 순간들이 모여 한 사람의 인생역정을 만들어낸다. 끊임없이 이어진 인생의 행로에서 두 갈래 길은 인생에서 필연적으로 마주치게 되는 선택의 기로다. 책임이 크면 클수록 선택은 사람을 매우 불편하게 한다. 꿈과 사랑, 나였다면 무엇을 선택했을까? 어떤 것을 선택해도 내가 가보지 못한 길은 언제나 아쉽기 마련이다. 나 또한 마찬가지다. 어쩌면 아쉽기 때문에, 가보지 않았기 때문에 그 길은 더욱 마음속에 아름다움으로 깊이 자리매김하는지도 모르는 일이다. 못 가본 길이 더 아름다울 수도 있다.

고통을 담담하게 끌어안는 법

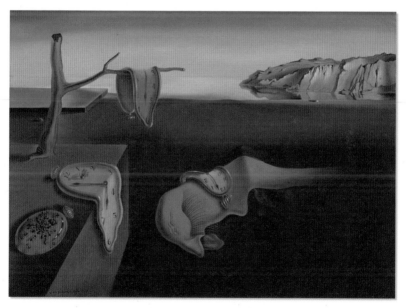

살바도르 달리 作, <기억의 지속>

출처 : Artvee.com

거친 바다를 향해 출항하는 선박은 밑바닥에 '평형수'라는 물을 채운다. 거친 풍랑은 배를 좌우로 흔들리게 한다. 배의 밑창 안쪽에 배가 물에 잠기는 만큼 평형수라는 바닷물을 채워 넣는 이유다. 평형수는 이쪽저쪽으로 기울어지는 배의 균형을 잡아주는 역할을 한다. 즉, 평형수는 배가 풍랑에 이리저리 흔들릴 때 복원력을 발휘해 배의 균형을 잡아주는 물인 것이다.

우리 인생도 마찬가지다. 우리는 '인생이란 먼 바다를 항해하는 것과 같다'라는 비유적 표현을 자주 쓴다. 그 말처럼 인생의 바다에서 누구나 크고 작은 풍랑을 시도 때도 없이 맞닥뜨려야 한다. 이말이 인생이라는 명제에도 잘 들어맞는 셈이다. 우리네 인생에 풍랑은 늘 닥친다. 크고 작은 재난으로 내 삶의 배가 전복되는 듯한 위기를 맞곤 한다. 중요한 것은 우리 삶의 현장인 이곳이 인생의 바다라는 것이다. 그러므로 우리 또한 출항하는 선박과 마찬가지로 우리 마음에 평형수의 원리를 적용하면 좋겠다. 마음에 평형수가 채워진 사람은 재난이라는 풍랑을 맞아도 높은 복원력으로 얼른 삶을 회복한다. 우리에게 평형수는 마음의 근력을 키워 초심을 되찾는 회복 탄력성과도 같다.

누구도 고난을 좋아하지는 않을 것이다. 하지만 그런 고난을 통해서 우리는 자신의 삶을 다시 돌아보게 된다. 그리고 삶의 깊이를 더해가게 된다. 사람의 내면에 가득 채워진 기쁨이란 양식은 선박의 평형수와도 같다. 평소에 크고 작은 즐거움을 한껏 받아들여 마음이 기쁨으로 가득 찬 사람이 있다고 치자. 그런 사람은 갑자기 슬픔이나 고난이 닥쳐도 쉽게 무너지지 않는다. 그리고 곧 평상심을 되찾는다.

사람에게 평형수는 내면의 면역력과도 비슷하다. 사람이 살아갈 힘은 외부에서 오는 것이 아니라, 자기 내부에서 온다. 이것을 일찍 깨닫는 사람은 내면의 평형수를 아주 잘 충전해두게 된다. 반면, 평형수가 고갈된 상태에서는 험난한 인생의 바다를 무사히 건널 수 없다는 게 진실이다.

내 삶에도 크고 작은 자잘한 풍랑들이 있었다. 그중에서도 가장 큰 풍랑은 결혼과 동시에 아이를 낳고 키우는 일이었다. 그 풍랑에 적응하고 파도가 잔잔해질 때쯤 내 삶에 거친 파도가 들이닥쳤다. 그 파도가 순식간에 남편의 목숨을 앗아가고 말았다. 정말 순식간에 일어난 일이었다. 이 일은 나를 상식적으로는 설명하기 어려운 상실감에 빠지게 했다. 자연의 섭리는 지독스러울 만큼 차갑고 잔인했다. 한 차례의 거친 풍랑이 지나자 바다는 아무 일도 없었다는 듯 시치미를 뚝 뗐다. 잔잔한 바람에 물결을 그리며 아름답게 빛나고 있었다. 그저 세상은 아무렇지 않다는 듯 제 할 일 하기에 바빴다. 인생이 참 덧없다는 생각을 그때 처음 해봤다. 하늘을 떠받치고 있는 바다가 그저 야속할 뿐이었다. 바다를 원망하고 미워할 수밖에 없었다. 왜 하필 그에게…, 왜 하필 나에게….

삶에서 갑자기 모습을 드러내는 기쁨이라는 존재. 그야말로 행운이 찾아오면 '왜 나에게…'라고 생각하는 사람은 거의 없을 것이다. 대부분 그 행운을 감사하게 생각하면서도 당연한 듯 여긴다. 그러나 슬픔과 고난이 찾아오면 '왜 하필 나에게…'라는 생각부터 든다. 내가 그랬다.

이성적으로 생각하면 나에게도 불행이 닥칠 수 있고, 어쩌면 당연할지도 모른다. 하지만 그것을 담담히 받아들이는 것은 결코 쉬운 일이 아니었다. 불행은 어느 순간 예고도 없이 내 삶을 엄습했다. 나는 정말 아무런 준비가 되어 있지 않았다. 내 마음에는 평형수가 전혀 없었고, 지금까지 있다고 믿었던 그것은 내가 아닌, 나의 배우자에게 있었다는 사실을 어느 순간 깨닫게 되었다. 나에게는 아무런 힘이 없었다. 그 순간 바다 밑바닥으로 한없이 가라앉는 것 말고는 아무런 저항도 할 수 없었다.

적막이 모든 것을 집어삼킨 모양새였다. 소음 하나 없는 심해에서 마주한 세상은 시간조차 멈춘 듯 고요했다. 바닥이 보이지 않는 깊은 바닷속으로 점점 빠져드는 느낌은 끝없는 우주 공간에 혼자 내던져진 것 같은 막막함이었다. 허우적허우적 엄마 배 속을 유영하듯 천천히 몸을 움직여볼 뿐이었다. 감각도 사라졌다. 세월도 사라졌다. 희로애락과 오욕칠정마저 모두 사라졌다.

살바도르 달리의 작품 중 〈기억의 지속〉이라는 그림이 있다. 미술에 관심이 없는 사람도 이 흘러내리는 시계 그림은 본 적이 있을 것이다. 정지된 시간의 적막함과 권태감을 느끼게 되는 작품이다. 나른하게 덩그러니 누워 있는 것 같은 시계가 마치 내 모습 같았다. 어쩜 저렇게 내 모습을 잘도 대변해줄까. 예술가들은 삶 자체가 예술인 듯하다. 영원할 것 같던 시간이 흐느적흐느적 부패해가는 듯 느껴졌다. 시간이란 철창 속에서 나라는 존재는 사라져가고 있었다. 마지막 남은 작은 감성마저도 말라버린 듯한 고요함 속에 있었다.

그때 갑자기 어디선가 깔깔대는 아이들의 소리가 들렸다. 그 생명력 넘치는 소리의 주인공은 바로 우리 아이들이었다. 눈이 번쩍 뜨였다. 깊숙한 절망의 늪에서 허우적대던 내게 갑자기 무언가가 반짝하고 존재를 드러냈다. 진주였다. 맞다. 남편과 내가 만나 세상에서 가장 잘한 일, 우리 부부의 사랑이 있었음을 증명해주는 기억의 조각들. 그리고 그 사랑의 증거인 우리 아이들. 이 조그맣고 다듬어지지 않은 진주들을 보호할 수 있는 사람이 아직 남아 있었다. 바로 엄마인 나였다. 그렇게 나는 깊은 어둠 속에서 진주를 찾아냈다. 다섯 살 큰아이는 아는지 모르는지 해맑은 미소를 잃지 않았다. 그 맑고 순수한 진주를 들여다보고 있으면 정말 잘 살아야겠다는 마음이 들었다.

그 후로 나는 내가 처한 이 상황을 어떻게 바라보면 될까 고민하기 시작했다. 나는 낮에는 아이들과 놀고, 밤에는 어둠과 싸우며

독하게 책을 읽기 시작했다. 치유를 선사해줄 만한 영상들을 내 뇌 세포 하나하나에 각인이라도 하듯 주입하곤 했다. 이 귀한 진주들을 보살피고 지키려면 강해져야지…, 달라져야지…, 정신 차려야지…, 독해져야지….

그렇게 나는 책과 영상을 보면서 마음의 창고에 기쁨의 양식, 감사라는 평형수를 날마다 채워나갔다. 그러면서 나를 덮쳤던 아픔의 상처를 바라보는 시선이 서서히 바뀌게 되었다. 아픔을 견뎌내며 삼켰던 뜨거운 눈물이 내 인생의 평형수가 되리라는 믿음이 점차 자리 잡아갔다. 눈물이 인생의 결정적 위기에서 나를 구해주리라고 믿으면서 아픈 경험을 대하는 태도가 달라지기 시작한 것이다.

평형수는 일종의 오뚝이와도 같다. 오뚝이를 툭 건드리면 뒤뚱뒤뚱하다가도 중심을 잡으며 절대 넘어지지 않는다. 오뚝이의 목표는 무조건 넘어지지 않는 것이다. 오뚝이처럼 넘어지지 않고 다시 일어서는 비결은 바로 자신만의 평형수로 무게중심을 잡는 것이다.

기쁨은 그냥 즐겁게 맞이하면 된다. 하지만 갑자기 찾아오는 슬픔이나 고난은, 내면의 면역력을 키워야 이겨낼 수 있다. 마음의 창고에 기쁨의 양식을 넉넉하게 쌓아두는 사람은 갑자기 닥치는 충격이나 고난에 쉬이 무너지지 않는다. 내면에 평형수를 채우는 방법은 각자 다를 것이다. 하지만 그게 무엇이든, 그로 인해 우리의 마음 근육은 더 단단해지는 것 같다. 어떤 이에게 닥친 시련이 그를 더 강인하게 만들어주고, 오히려 혼자 짊어진 삶의 무게로 인해 쉽게 휩쓸려 넘어지지 않는다는 걸 증명해주는 이야기도 있다.

"어느 인디언 마을에서는 강을 건널 때 감당할 수 있을 만한 돌을 하나씩 안고 건너야 한단다. 물살이 센 강 중심에서 떠내려가지 않도록."

이처럼 신도 우리에게 돌을 하나씩 안겨 우리 삶을 보호해주신다고 한다. 홀로 남겨진 후 아이들이라는 삶의 무게가 나를 짓누른 때가 있었다. 하지만 지금까지 나를 넘어지지 않게 해준 것 또한 바로 우리 아이들이었다. 나는 무엇보다 그 삶의 무게를 기꺼이 짊어지고 하루하루 감사하며 살아갈 것이다. 이처럼 고귀한 고통의 무게가 이 세상에 더는 없다고 믿으면서 말이다.

비록 남편은 내 삶에서 사라졌다. 하지만 그것이 영영 떠난 게 아니라고 하셨던 이어령 선생님의 말씀이 귓가에 맴돈다. 어머니를 일찍 여의신 이어령 선생님께서는 《이어령의 마지막 수업》에서 이런 이야기를 하셨다.

"프로이트도 어린아이 놀이에서 그 유명한 '포르트-다(있다 없다 놀이)'를 발견했잖아. 두 살짜리 외손자가 실타래를 가지고 노는 모습을 보면서 공포를 다루는 심리 연습을 파악해낸 거지. 털실이 침대 밑으로 굴러 들어가면 '어? 없네' 하다가 그것을 당기면서 '어? 있네' 하는 것. 눈 가리면 엄마가 없고, 손 내리면 엄마가 있고. 까꿍! 까르르하는 거 알지? 엄마 없다? 엄마 있네! 어찌 보면 그게 우리 인생의 전부라네…. 엄마가 없는 쪽에다 힘을 싣느냐, 있는 쪽에 힘을 싣느냐에 따라 인생이 달라져. 인생을 해피엔딩으로 볼 수도, 영원한 헤어짐으로도 볼 수 있는 거지. '있다 없다' 까꿍 놀이가 결국 문학이고 종교야."

선생님은 사라진 존재의 의미를 내 내면에서 지혜롭게 통제하는 법을 알려주신 것이다. 우리의 헤어짐이 결코 영원한 것이 아니라는 것도 함께 말이다. 좋은 책을 읽는다는 것은 정말 최고로 훌륭한 사람과 대화하는 것과 같다. 나와 남편은 어쩌면 꽤 긴 까꿍 놀이를 해야 할지도 모르겠다. 지금 나는 이렇게 슬픔을 담담하게 끌어안는 법을 배워가고 있다.

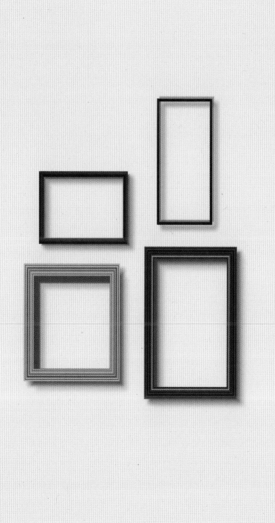

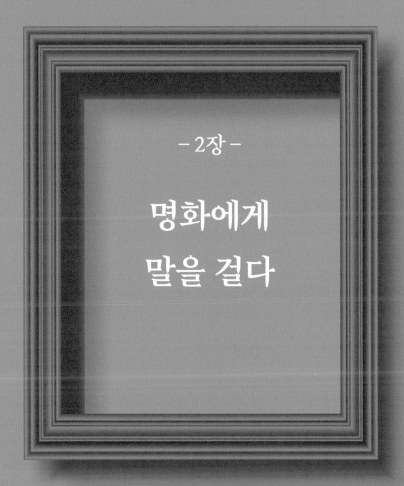

- 2장 -

명화에게
말을 걸다

고흐, 가장 낮은 곳에서 희망을 선물하다

고흐 作, <감자 먹는 사람들>　　출처 : Artvee.com

네덜란드 출신의 화가 빈센트 반 고흐(Vincent van Gogh)는 서양 미술사상 가장 위대한 화가 중 한 사람으로 꼽힌다. 당시 고흐는 할아버지와 아버지를 이어 목사가 되기를 갈망했다. 하지만 목사가 되기 위한 시험을 포기하고 대신 시험이 필요 없는 선교사의 길을 걷겠다고 선언한다. 그래서 고흐는 벨기에의 보리나주 탄광 지역에서 선교사 일을 시작했다. 거칠고 힘든 삶을 살아가는 가난한 자들을 돕고, 선교도 하는 일은 그에게 보람찼다. 그러면서 그는 소외된 사람들에게 위로가 되는 그림도 그리고 싶어 했다. 소외당하고 고통받는 사람들을 복음으로 치유하고 싶어 한 것으로 보아 그는 분명 마음이 따뜻했을 것이다. "그림 안에 그들의 고단함을 담아야 진짜 그림이야"라며 가난한 하층민의 생활과 풍경을 적나라하게 그림으로 담아내기도 했다.

〈감자 먹는 사람들〉은 다섯 명의 식구가 낡고 허름한 식탁에 둘러 앉아 작은 등불 아래 모여 있다. 그리고 자신들이 직접 일구고 수확한 감자를 쪄내어 손으로 집어 먹고 있다. 고흐는 이들을 보며 '노동의 정직함과 진실함'을 그림에 담고 싶었다고 한다. 램프가 어두운 만큼 식사를 하는 방 안은 온통 짙은 어둠으로 드리워져 있다. 고흐는 이것을 그대로 화폭에 재현하고는 스스로 감동하곤 했다. 고흐는 이처럼 누군가와 공감하기 위해 그들의 어둠 속으로 뛰어들 정도로 순수함을 가졌으며, 감정에 매우 정직한 화가였다.

하지만 광부들과 같은 옷을 입고 그들처럼 살고 있었다는 이유로 탄광 지역에서 추방당하게 된다. 성직자의 길조차도 가지 못하게 되고, 그 길을 포기한 후 고흐가 발견하게 된 새로운 소명은 바로 그림이었다. 고흐는 그 후로 어두운 그림보다는 자신만의 색의 대조, 강렬한 붓 터치와 선명한 색감을 완성하게 된다. 그 당시 사회의 냉대와 가난으로 심리적 에너지가 고갈 상태였을 고흐의 마음에 밝은 노란색은 희망을 상징했을 것이다. 그리하여 우리에게 너무나 잘 알려진 〈별이 빛나는 밤에〉, 〈밤의 카페테라스〉와 같은 작품이 탄생하게 되었다.

그는 색감을 통해 감정을 표현하려고 노력했다. 투박한 느낌과 선명한 색채들은 확실히 그만의 뚜렷한 개성을 나타내는 작품이다. 고흐는 무명 시절 깊은 소외와 불안 속에서도 희망과 생명력이 꿈틀거리는 그림으로 삶에 대한 열정을 보여주었다. 그에게 그림은 내면의 표출이었고, 세상을 향한 소리 없는 외침이었을 것이다. 하지만 안타깝게도 살아 있는 동안에는 단 한 점만의 그림을 팔았다.

결국 고흐는 스스로 세상을 등지고 만다. 하지만 아이러니하게도 이제는 그 누구보다 위대하다고 평가되고, 또 가장 사랑받는 화가가 되었다. 37년이라는 짧은 생을 마감했지만 늦은 나이에 그림을 시작했음에도 불구하고 10년간 800여 점의 유화와 1,000여 점이 넘는 스케치를 그린 열정적인 화가였다. 특히, 아몬드 꽃 그림은 고흐가 죽기 전 2년간 즐겨 그렸던 소재라고 한다. 〈아몬드 나무〉는 고흐의 사랑하는 조카가 태어난 것을 축하하며 그린 그림이다. 조카는 고흐의 영혼의 동반자인 동생 테오의 아들이다. 아몬드 나무는 시린 듯 청량한 겨울 하늘에 봄을 맞이하는 꽃망울을 터뜨리듯 희망을 상징한다고 한다. 이처럼 좋은 일들만 있을 거라는 희망과 축복을 전하고 싶었을 그의 아련한 마음이 느껴지는 그림이다. 누구보다 가족을 사랑한 고흐의 축복이 담긴 하늘이고, 꽃망울이다.

고흐는 남을 의식하는 대신 오로지 자신의 동력으로만 살았던 대표적인 화가였다고 생각한다. 물론 다르게 산다는 것은 외로운 것이다. 고흐에게 외로움은 모든 사회생활에 불리했겠지만, 그런 자발적 유폐 속에서 그만의 훌륭한 그림이 탄생되었을 거라고 확신한다.

외부로부터의 무시라는 무지막지한 중력을 견디면서 자신이 원하는 스타일대로 끝까지 밀고 나갔던 그를 보면 오히려 사회성이 떨어지는 사람이 위대한 철학자가 되고, 예술가가 되는 것 같기도 하다. 그는 사회의 억압과 압력으로부터 결코 떠밀려가지 않았다. 오히려 역류하는 듯이 지속적으로 중력을 거슬렀다. 그런 고흐의 삶을 보며 진정한 예술가였다는 생각이 든다. 자신만의 독특한 개성을 발견하며 타인과 다르다는 것을 끝없이 증명했던 화가 고흐는 자신의 화를 못 이기고 잘려진 귀의 자화상을 그리면서까지 자신의 존재를 끄집어냈다. 그런 자신과 마주하기 위해 그는 부단히 노력했을 것이다. 일그러진 자신의 모습까지도 사랑할 수 있는 사람이 바로 예술가가 아닐까.

그는 사람들을 사랑하는 것보다 더 중요한 예술은 없다고 했다. 괴팍하지만 마음이 참 따뜻한, 누구보다도 정직한 화가라는 것이 느껴진다. 고흐가 탄광촌에서 감자 먹는 그들을 영혼을 바쳐 그렸듯, 고흐는 자신만이 할 수 있는 그림이라는 접속 장치로 그들을 끌어안았던 것이다. 자기 자신을 그만큼 사랑했기 때문에 스스로 낮은 자리에 위치해 남의 아픔을 보지 않았을까.

나는 나를 사랑하게 되기까지 어느 정도 시간이 걸렸다. 현재의 내 모습을 보는 사람들은 나를 굉장히 좋게 봐준다. 웃는 인상에 긍정적이고, 좋은 에너지가 느껴진다고 말해주곤 한다. 그런 칭찬이 기쁘다가도 한편으로는 침울해지기도 한다. 진짜 내 모습은 어떤 모습일까? 겉으로 보이는 모습도 내 모습이 맞지만, 그렇지 않은 면도 존재하기 때문이다.

동시에 자존심에 상처를 입어 사람들을 피하고, 내 아픔을 이야기하지 않을 때도 있었다. 그때 안 사실이 있다. 나는 남을 전혀 의식하지 않았던 거장 고흐와는 달리 남들에게 보이는 겉모습을 많이 의식하는 사람이라는 사실이다. 혹여나 사람들을 만나게 되더라도 나는 아무렇지도 않은 듯 싱글벙글 밝게 행동했다. 그러다 다시 혼자가 되면 부정적인 생각의 늪으로 빠져들었다.

나는 그동안 똑똑한 캐릭터도 아니고, 뭐 하나 야무진 면도 없는 사람이었다. 나 스스로 더욱 부정적인 표상을 만들어냈다. 그런 부정적인 사고방식에서 도저히 빠져나올 수 없었다. 나는 점점 더 나 자신을 초라하게 만들고 있었다. 나는 어릴 때와 지금의 성격이 많이 다르다. 어릴 때의 소극적인 모습과는 달리 좋아하는 일에는 적극적으로 열정을 보이기도 한다. 온화하고 차분함과 동시에 급하고 덤벙거리는 기질은 그대로 남아 있다.

어릴 때는 너무 내성적이어서 집을 벗어나면 말도 잘 하지 못했다. 엄마는 이런 내가 걱정되어 동네의 어린 동생을 집으로 초대했다. 일부러 남들과 부대끼는 시간을 마련해주기 위해서였다. 하지만 나는 아직도 기억한다. 그 동생 앞에서 무릎을 꿇고 앉아 그대로 꼼짝도 안 했던 내 모습을 말이다. 동생이 할 수 없이 집으로 돌아간 후, 그 어린 나이에도 스스로를 원망했다.

나는 부모님을 기쁘게 해드리고 싶었고, 공부 잘하는 똑똑한 딸이 되고 싶었다. 부모님을 너무나 사랑했기에, 그분들에게 칭찬받고 싶었고, 격려받고 싶었다. 손재주를 타고났지만, 별로 칭찬의 대상은 되지 못했다. 친구들은 나의 그림 솜씨를 부러워했지만 나는 별로 감흥이 없었다. 부모님은 내가 그림을 그리는 것을 별로 좋아하지 않으셨다. 그림을 잘 그리는 것은 필요 없다, 학생은 공부를 잘해야 한다고 하셨다. 집에서 그림을 그리고 놀면 시간이 잘 가서 좋았지만, 부모님 앞에서는 늘 눈치를 봐야 했다. 그때의 어린 내가 어른들의 눈치를 보며 좋아하는 그림을 그렸을 모습을 떠올리니 마음이 너무 아프다. 나는 그림이 아닌 부모님이 좋아하는 공부를 잘하고 싶었지만, 그게 마음처럼 되지 않아서 언제나 죄를 지은 느낌이었다. 공부를 잘해야 인정받을 수 있을 것 같았다.

나는 누구에게나 멋진 사람으로 비춰지고 싶었다. 나는 남을 의식하고 겉으로 보이는 것에 늘 민감했다. 나 자신이 초라하다는 느낌에서 벗어나지 못했다. 내가 무던하고 활달한 성격이었다면 차라리 나았을까 하는 생각도 해본다. 잊고 있었는데 이렇게 성인이 되어 여리고 여렸던 어린 시절의 나를 마주하니 너무 아프고 속상해서 눈물이 흐른다. 내가 그랬구나, 이처럼 소중한 나인데, 존중받지 못하고 짓밟혔던 어린 시절의 꿈이 너무 가엾다. 그러나 이런 어릴 적 경험이 내 아이들을 존재 자체로 사랑해줄 수 있는 밑바탕이 되었는지도 모르겠다. 아이들을 키우면서 나는 항상 생각했다. 이 아이들은, 나보다 훨씬 나은 아이들이라고. 그래서 아이들을 나무랄 수가 없다.

어릴 적 심각했던 나도 이렇게 잘 자랐는데, 나보다 훌륭한 내 아이들은 훨씬 더 잘 성장하리라는 확신이 있었다. 지금 사회는 공부보다 재능을 잘 발견하면 오히려 더 성공할 수 있는 환경이다. 나의 콤플렉스는 공부를 못했던 데서 기인했지만, 이제라도 재능을 살려 이렇게 꿈을 향해 도전하는 엄마인 나는 내 아이들을 믿는다.

나는 마흔이라는 늦은 나이에 대학원에 입학하면서 내게 주어진 배움에 너무나 감사했다. 자존감이 회복되는 것을 느꼈고, 동시에 내가 나와 마주하는 시간이 늘어나기 시작했다. 그러면서 작가라는 또 하나의 숨은 꿈을 발견하게 되었다. 책을 보고 글을 쓰는 것을 언제부터인지 좋아하게 되었지만, 작가라는 꿈을 꾸기에는 자존감이 너무 낮았다. '내가 어떻게'라는 깊게 뿌리 박힌 자격지심으로 인해 꿈조차 꾸지 못했다. 감히 범접할 수 없는 꿈의 영역이라고 여겼던 작가라는 직업이 나와 과연 어울릴까 하는 생각도 잠시, 용기를 내어 나는 도전하기로 마음먹었다.

작가로서 할 수 있는 일 또한 무한하다는 걸 알게 되었다. 무엇보다 나를 통해 다른 사람을 도울 수 있다는 사실이 가장 행복했다. 내가 하고 싶은 것은 내가 이미 가지고 있는 모습이라고 한다. 고흐가 끊임없이 그림을 그렸던 그 과정 자체가 훌륭한 거장의 모습이었듯이, 내가 되고자 하는 모습 자체로 나는 이미 작가인 것이다. 내가 가장 낮은 자세로 용기 내어 나의 아팠던 이야기를 꺼냄으로써 어느 누군가는 위로받을 수 있겠지. 어딘가에서 남 몰래 울고 있을 누군가는 다시 꿈을 찾을 수 있겠지. 그럴 수 있기를 간절히 바란다.

프리다, 나락 끝으로 떨어진
절망의 끝에서 다시 태어나다

프리다 칼로 作, <벨벳 드레스를 입은 자화상>

출처 : 저자가 그린 모작

화가들의 삶은 하나같이 대단하고 존경스럽다. 그중에서도 육체적으로도 정신적으로도 너무나 고단했던 프리다 칼로(Frida Kahlo)의 짧은 인생은 특히 더 가슴이 아프다. 그녀는 어릴 때 소아마비로 오른쪽 다리가 자라지 않았는데, 그런 그녀에게 운명은 가혹했다. 18세 때 대형 교통사고로 척추와 오른쪽 다리, 자궁을 크게 다쳐 평생 30여 차례의 수술을 받게 되기 때문이다. 나에게 있어서 프리다 칼로는 그야말로 역경의 아이콘이 아닐 수가 없다.

불행은 거기서 끝나지 않는다. 불륜의 아이콘인 국민 화가 디에고 리베라(Diego Rivera)를 만났기 때문이다. 그녀는 디에고를 만난 사건을 교통사고 이후 두 번째 큰 사고라고 말했을 정도다.

교통사고를 당하고 병원에서의 치료가 길어진 그녀는 침대에서 일어나기도 힘들었다. 그런 딸을 위해 어머니는 침대에 거울을 달아 얼굴을 볼 수 있도록 하고, 그림도 그릴 수 있게 해준다. 프리다는 그때부터 오롯이 혼자만의 세계에서 가장 잘 아는 자신을 그리기 시작한다. 고통의 늪에서 헤어 나오기 어려운 현실이었지만, 변함없이 강인한 자신을 새기듯 그려내는 것이야말로 그녀에게는 유일한 치료법이었을 것 같다. 그녀의 인생에서 그림이 없었다면 어땠을까. 사람에게는 어떤 고난이 오더라도 붙들고 싶은 그 무엇 하나는 꼭 있어야 한다는 생각이 자연스럽게 든다.

〈벨벳 드레스를 입은 자화상〉은 초창기 자화상 중 하나다. 병원에 누워 있는 자신의 모습과는 달리 그림 속 프리다는 매우 당당하고 고귀하고 아름답다. 자신의 강렬한 소망을 그림에 투영한 듯 보인다. 그 후 병원에서 퇴원한 프리다는 자신의 그림 실력이 어느 정도인지 확인받기 위해 그 시대 최고의 예술가이자 사회 운동가인 디에고 리베라를 찾아간다. 그는 유럽과 멕시코에서 이미 거장의 위치에 오른 화가였다. 그는 멕시코 혁명의 정신을 고취시키는 주제로 문맹자를 위해 벽화운동을 주도했다. 그는 그녀가 그린 그림 자화상을 마음에 들어 하며, 그녀가 화가가 될 수 있도록 조언을 아끼지 않았다. 프리다가 볼 때 디에고는 그야말로 우상 그 자체였다. 프리다는 디에고를 사랑하게 되었고, 디에고 또한 프리다를 연인 이상으로 받아들였다.

그들은 21세의 나이 차를 극복하고 결혼하기로 한다. 그 당시 디에고는 희대의 바람둥이로 유명했으며, 앞서 결혼을 두 번이나 했었다. 그래서 모두가 말리는 결혼임에도 불구하고 그녀는 무시하고 흘려듣는다. 결혼 이후 프리다는 리베라를 정성껏 내조하느라 자신의 작품을 그릴 여유가 없었다.

불행은 여기서 또 시작된다. 그녀는 결혼 이듬해에 임신했지만, 교통사고의 후유증으로 세 차례나 유산이 되고 만다. 그 무렵 디에고는 버릇대로 다른 여자들을 만나고 다녔지만 그녀는 참았다. 하지만 자신의 여동생 크리스티나와 바람을 피웠다는 말을 듣고는 도저히 견딜 수 없었다. 그녀는 격한 파도가 몰려올 때마다 한 움큼씩

모래가 쓸려나가는 것을 느꼈다. 그녀는 이내 제대로 서 있기도 힘들 만큼 앙상해져만 갔다. 그러나 프리다는 고통 속에서도 그림을 그렸다.

〈떠 있는 침대〉라는 작품에서 그녀는 오염된 대기로 가득한 하늘, 외로운 건물만이 늘어서 있는 삭막한 도시 풍경에 홀로 누워 있다. 아무도 없는 삭막한 곳에서 그녀의 탯줄에는 유산의 잔상들이 묶여 있다. 자신이 처한 상황과 처참한 심경이 절절하게 와닿는다. 하지만 그녀는 아무리 힘들고 괴로울 때도 자신의 내면을 바라보고, 현실을 외면하지 않았다. 그리고 자신의 불행한 상황과 심정을 솔직하고 자유롭게 표현했다. 그러면서 많은 사람에게 그림 실력을 인정받기 시작한다. 그녀는 자신감을 얻었고, 이제는 남편만을 바라보는 삶에서 벗어나기로 각성한다.

그녀의 자화상은 더욱 강인하고 자신감이 넘치는 모습으로 변화해갔다. 프리다의 몸은 점점 무너져갔지만 그럴수록 그녀는 더욱 왕성한 작품 활동을 이어갔다. 프리다는 자신의 그림을 인정받으려고 하기보다는 그저 자신의 고통을 치유하기 위해 본능적으로 그렸다. 디에고는 그런 프리다의 미술적 재능을 자신만 알기에는 아깝다고 여겨 그의 주도로 그녀를 위한 첫 전시를 열어준다. 그렇게 상처를 줬음에도 불구하고 그녀를 위한 전시라니, 병 주고 약 준다는 표현도 아까울 정도다. 어쨌든 첫 전시회가 열렸고, 그녀의 그림은 날개 돋친 듯 팔려나갔다. 전업 예술가 프리다 칼로가 탄생한 역사적인 순간이었다.

이후 프리다는 디에고의 명성과는 상관없이 자신만의 독자적인 예술가의 길을 걷기 시작한다. 유럽과 미국의 예술가들에게까지 알려지면서 그녀는 국제적인 명성을 쌓아갔다. 프리다는 루브르 컬렉션까지 속하게 되는 최초의 멕시코 화가가 된다.

자신이 직접 겪은 고통을 그대로 캔버스에 쏟아부은 역경의 아이콘인 그녀의 예술은 오로지 순수한 자기표현에서 시작되었다. 오늘날 디에고와 프리다가 가진 국제적 명성을 기준으로 놓고 본다면 프리다의 압승이다. 그녀에게 디에고는 남편으로서는 낙제점이었지만, 프리다의 그림을 세상에 공개하는 데 그의 공이 컸던 것은 사실이다. 실제로 멕시코 500페소 지폐를 보면 앞면은 디에고 리베라, 뒷면에는 프리다 칼로가 그려져 있다고 한다. 이 부부의 위상이 얼마나 대단한지 짐작할 수 있는 부분이 아닐 수 없다. 아무래도 둘은 예술을 위해 만나야 할 운명이 아니었을까.

프리다 칼로가 겪은 고난의 연속으로 내가 그녀에게 배울 수 있었던 최고의 교훈이 있다. 그녀가 무의식적으로라도 스스로를 쓸모없는 사람이라고 생각하지 않았다는 점이다. 오히려 고난을 통해 온전히 한 인간이 되고자 그림을 통해 자신만의 길을 닦으며 속력을 냈다. 프리다는 자신의 상황에 저항하는 대신 그림이라는 도구를 이용해 자신을 그대로 투영해내며 더욱 강인해졌다. 그녀는 그림을 통해 고난을 딛고 더 높은 곳으로 이어지는 길을 발견하게 된 것이다. 우리에게 그 도구가 그림은 될 수 없어도 분명 각자 다른 해답의 길이 존재하지 않을까 생각된다. 과거에 나도 땅이 흔들리는 것 같은 좌절에서 두려움으로 꽁꽁 묶여 꼼짝달싹 못했던 순간이 있었다. 무슨 일이 일어날지 모른다는 상상만으로도 나는 균형을 잃고 말았다. 나를 더 좌절하게 만든 것은 어쩌면 이미 일어난 일에 대한 충격보다는 고난을 이겨내지 못하리라는 스스로 만들어 낸 두려움이었을지도 모른다. 두려움을 제거하기 위한 나의 해답은 도전이었다. 무엇이든 해보고자 하는 마음으로 도전함으로써 두려움은 사라지고 오히려 도전 정신이 나의 가장 훌륭한 강점이 되었다. 질긴 회생력이 생긴 것이다.

주저앉게 만드는 순간은 누구에게나 있기 마련이다. 그러한 상황을 개선하는 열쇠는 그것을 어떻게 바라보느냐에 있다. 바라보면 나에게 일어나는 일은 나름의 의미를 품고 있다는 것을 알게 된다. 나의 위치에 순응하고, 배우겠다는 자세로 마음을 열면 하나하나가 기적이 되고 축복이 되며 기회가 된다는 사실을 깨달았다. 고난을 불평하지 않고, 그 자체로 바라보며, 올바른 방향으로 진화한다면 미래를 향한 디딤돌로 여기고 감사하는 법을 배울 수 있다. 그러지 않고서는 결코 강인함이라는 회생력은 발휘될 수 없다.

고난과 역경, 저항과 고통은 나를 단련하는 자세를 길러주는 존재들이었다. 우리는 모두 누군가에게 특별한 존재인 것처럼 자신이 가치 있게 여겨지기를 바라는 욕망을 가슴 속 깊은 곳에서부터 갖고 있다.

나 또한 20대에 접어들면서 나의 가치가 이성에게 사랑을 받는 것에 달려 있다고 믿었다. 그리고 결혼을 하고, 배우자가 곁에 없게 된 후, 나는 아무것도 아니라고 생각했다. 내가 그토록 갈망했던 사랑과 인정의 부재로 나는 스스로를 외면하고 있었다. 너는 아무 가치도 없다고 내 안에서 속삭이는 목소리를 잠재워줄 누군가를 또 찾고 싶었다. 하지만 자신이 가치 있는 존재라는 것을 스스로 깨닫기 전에는 어떤 누군가가 나서서 가능한 일이 아니었다.

남들이 겪지 않아도 될 고난을 왜 내가 받아야 하는지 불평으로 가득한 날들을 보냈다. 하지만 나의 힘든 시간이 결코 헛되지 않을 것임을 믿게 하는 특별한 이야기가 있었다. "상처를 가진 자가 활도 가진다"라는 내용을 담은 그리스 신화의 주인공 필록테테스(Philoctetes)의 이야기다. 이 신화는 트로이 전쟁에 참전하기 위해 모두가 배를 타고 전쟁터로 떠나는 이야기로 시작된다. 어느 날 필록테테스는 독사에게 물려 살이 썩어 들어가고, 결국 아무도 없는 무인도에 버려진다. 반면에 트로이 전쟁은 쉽사리 끝나지 않고 그때 신탁은 전쟁에서 이기려면 헤라클레스의 활(아폴론의 신궁)이 있어야 한다고 예언한다. 그 활은 바로 무인도에 버려진 필록테테스에게 있었다. 10년 동안 외로운 섬에서 고통과 싸우며 자신과 대면한 사람, 그리하여 자신만의 빛나는 영혼이 뿜어내는 아름다움, 바로 그것이 헤라클레스의 활이라고 나는 생각했다. 필록테테스에게 찾아간 이들이 말한다.

"활은 당신의 상처고, 상처는 당신의 활입니다."

필록테테스는 끝내 자신을 버린 그들을 용서하고, 섬에서 나와 트로이 전쟁터로 나가 승리를 거둔다. 상처와 활이 하나가 되어 그 누구도 끝내지 못했던 트로이 전쟁을 끝낼 수 있었던 것이다. 이 이야기는 마치 나의 살갗을 파고드는 듯한 감동을 주었다. 상징적이기는 하지만 자신과의 전쟁에서 이기려면 결국 광장으로 나가야 한다는 교훈을 얻을 수 있었다. 그가 섬에서 나와 트로이 전쟁터로 나갔듯이 우리 또한 마음의 감옥에서 기꺼이 나와야 한다. 그리하여 누구도 갖지 못한 자신만의 특별하고 맑은 영혼의 자아라는 활을 이용해 어떤 일이든 성공하게 될 것임을 믿어 의심치 않는다.

수타면이 손으로 치대면 치댈수록 쫄깃해지고, 쇠도 때리고 두드릴수록 찰지며, 내성이 강해지듯이 우리 또한 그러하리라. 누구나 살아가면서 상처를 입거나 겁에 질릴 때가 있을 것이다. 하지만 중요한 것은 우리는 여전히 이곳에 존재한다는 것이다. 바로 이곳에, 아주 꿋꿋하게!

하나의 삶은 하나의 별이 아닐까?

에밀 무니에르 作, <큐피드>　　　출처 : Artvee.com

프랑스의 화가 에밀 무니에르(Emile Munier)는 아이들의 천진난만하고 행복한 한때를 특히 많이 그렸다. 어느 날, 나는 우연히 행복을 그리는 화가로 유명한 에밀 무니에르의 많은 작품 중 〈큐피트〉라는 작품을 보게 되었는데, 어린왕자의 모습이 연상되었다. 누구나 한 번쯤 생텍쥐페리(Saint-Exupéry)의 〈어린왕자〉를 읽어보았을 것이다. 어릴 적 읽었을 때와 어른이 된 후 읽었을 때의 느낌은 전혀 달랐다. 왜 어른들을 위한 동화였는지 이제야 알 것 같다. 어릴 때는 글의 문장에 내포한 뜻을 잘 이해하지 못했지만, 지금은 어린왕자가 겪은 지구에서의 짧은 모험을 통해 나름의 상징적 해석을 할 수 있게 되었다. 인간의 생은 그리 길지 않으며, 죽음을 통해 별이 된다는 사실을 동화로 아름답게 표현하고 싶었던 게 아닐까, 나름 재해석 해본다. 먼저 떠난 이에 대해 너무 슬퍼하지 말라고, 어린 순수한 영혼이 어른을 달래주는 듯한 느낌을 받았다.

생텍쥐페리는 어릴 적 그림 그리는 것을 좋아했다고 한다. 상상력이 풍부해서 사물을 있는 그대로 묘사하기보다는 그림 속에 의미를 꽁꽁 숨겨두어 상상력을 발휘해야만 알아볼 수 있는 그림을 그렸다고 한다. 역시 어릴 적부터 작가의 재능이 흐르고 있었던 게 아닌가 싶다. 한 예로 코끼리를 삼켜버려 모자 모양이 된 보아뱀을 그린 것을 보면 알 수 있다. 그 그림을 어른들에게 보여주며 무섭지 않느냐고 물었다고 한다. 하지만 돌아오는 대답은 그저 모자일 뿐인데 뭐가 무섭냐는 대수롭지 않은 반응이어서 그의 상상력과 호기심이 사라지게 되었다는 안타까운 사연으로 이야기는 시작된다. 어린이의 그림을 눈여겨 봐주지 못한 어른들을 보고 나도 어른으로서 아이들의 상상력에 귀 기울여줘야겠다고 반성한다. 한때 나도 어린아이였다는 사실을 잊지 말자는 다짐도 해본다.

한편, 어린왕자가 살고 있는 별에 어느 날 갑자기 씨앗이 날아와 피어난 장미가 있었다. 그 장미는 교활하고 자존심이 셌다. 결국은 그 장미와 다투고 어린왕자는 여러 별을 여행하게 된다. 그중 일곱 번째로 온 별이 바로 지구였다. 어린왕자는 모래 속에서 움직이고 있는 독사와 마주하게 된다. 그리고 인사를 건넨 뒤 말한다.

"내 별을 봐. 바로 머리 위에서 빛나고 있어. 그런데 어쩌면 저렇게 멀리 있는 것일까. 별이 빛나고 있는 것은 언젠가 모두 자기의 별에 돌아갈 수 있게 하기 위해서일까."

아마도 어린왕자는 자신의 별에 두고 온 장미꽃을 그리워하고 있는 것 같다. 그 독사는 어린왕자에게 말한다. 자신에게는 그 어떤 배보다 너를 더 멀리까지 데려다줄 수 있는 능력이 있다고 말이다.

"내가 건드린 사람은 누구나 자기가 나온 곳으로 되돌아가게 되지. 만약 네가 네 별이 몹시 그리워져서 돌아가고 싶어진다면 언제라도 내가 너를 도와줄게"라고 말한다. 이 말은 죽음을 암시하고 있다는 것을 어린왕자만 빼고 우리는 상징적으로 알 수 있다.

한편, 이 이야기의 주인공은 조종사로서 임무를 수행하던 중 사하라 사막 한복판에 불시착하게 된다. 그가 비행기 수리를 하는 중 어린왕자와의 인연은 시작된다. 어린왕자가 그에게 갑작스레 양 한 마리를 그려달라는 부탁에 주머니에서 만년필을 꺼내 바로 그려주었다. 그랬던 걸 보아 왠지 그가 어릴 때 잠재워버렸던, 내면에 숨겨두었던 동심의 상징과도 같은 어린아이를 스스로 만들어내지 않았나 싶다. 몇 번의 실패 끝에 어린왕자의 마음에 쏙 드는 양의 모습을 그리는 데 성공하게 된다. 그건 어릴 적 코끼리를 삼켜버린 보아 뱀을 그렸던 어린아이의 동심으로 돌아가서야 그려낼 수 있었던 결과물이었다. 양이 상자에 들어가 있는 모습의 아주 단순한 직사각형 그림이었다. 어린왕자는 뛸 듯이 기뻐했다. 이 사건으로 인해 주인공의 어릴 적 잃어버렸던 동심을 어린왕자가 다시 찾아준 셈이 된 것이다.

이후 어린왕자는 사막을 헤매다 만난 여우를 통해 '길들여진다' 는 의미에 대해서도 알게 된다. 그리고 별에 두고 온 장미와의 관계를 진지하게 생각하는 계기가 된다. 그리하여 어린왕자의 눈에 별이 그토록 아름다워 보였던 이유를 비로소 깨닫게 된다. 별에는 보이지 않는 꽃이 하나 숨어 있기 때문에 그토록 별이 아름다웠던 거라는 사실을 말이다. 사막이 아름다운 것은 어딘가에 우물을 숨기고 있기 때문이라는 말과 일맥상통한다. 진짜 중요한 것은 눈에 보이지 않는다는 중요한 깨달음을 얻고, 그동안 정든 아저씨에게 말한다. 자신이 그리울 때면 별을 바라보라고. 자신의 별은 너무 작아서 어디에 있는지는 모르지만 많은 별들 중에 어느 한 별이 자신의 별일 거라고 생각하지 않겠느냐고. 그런 마음으로 별을 바라볼 테니까 별들을 바라보는 게 당연히 좋아질 거라고 말한다.

사람은 모두 각자 다른 눈으로 별을 바라보고 있다는 사실을 알 수 있다. 여행하는 사람의 눈으로 보면 별은 길 안내자일 테고 어떤 사람은 별을 아주 작은 빛 정도로 밖에 생각하지 않을 수도 있다. 그러나 내 가슴에 있는 별을 마음으로 바라본다면 다른 사람과는 다른 특별한 별을 가질 수 있게 된다. 그리고 슬픈 것은 언제까지나 계속되는 게 아니니, 더 이상 슬퍼지지 않게 된다면 그 대상과 알게 된 것을 기쁘게 생각하게 될 것이라고 말한다. 어린왕자는 자신이 사랑하는 장미에게 가기 위해 지구에 도착한 지 딱 1년이 되는 날 자신의 별로 다시 돌아가기로 결심한다.

마음 아파하는 아저씨에게 자신이 죽은 듯이 보일 테지만 정말로 죽는 것은 아니라고 말한다. 대사 하나하나를 보면, 어린아이지만 어른보다 더 성숙하게 느껴지는 듯하다. 눈에 보이는 몸은 낡은 껍데기고, 슬플 필요는 없다고 말한다. "정말 중요한 것은 눈에 보이지 않는 것"이라는 마지막 대사를 마치고 천천히 쓰러진다. 동화지만 가슴 한 편이 휑한 듯 슬프다. 각자의 대체 불가능한 소중한 존재를 깨닫게 하는 메시지를 던지고 있다.

어린왕자의 말처럼 죽음은 낡은 껍데기를 벗어던진 것과 같다. 그리고 또 다른 새로운 시작이라는 것을 믿는다. 어린왕자의 작은 별에 장미꽃 한 송이는 아직도 빛나고 있을 것이며, 양은 어린왕자의 둘도 없는 친구가 되었을 것이라고 생각한다. 몸의 형체는 없어지지만 우리의 기억, 그리고 추억이 누군가에게 특별히 남아 영원히 사라지지 않는 한 죽은 게 아니라는 말을 믿고 싶다. 각자 마음속으로 생각하고 있는 대상의 별이 어딘가에서 빛나고 있고, 보이는 별들 중에 하나라고 생각한다면 모든 별은 아름다워 보일 것이다. 그 대상이 반드시 존재한다고 믿으면 실제로 영원히 존재하는 것이기 때문이다.

어느 한 사람이 그토록 빛나는 이유는 한 송이의 꽃을 언제까지나 잊지 않고 있기 때문이다. 마음속에 품고 있는 한 송이의 꽃은 각자 다르겠지만 그들을 마음속으로 응원한다. 그리고 우리에게는 견뎌내는 힘이 충분히 있기에 자신만의 방법을 찾아내리라고 믿는다. 몸서리치는 그리움을 경험할 때조차 우리는 신기하게도 이를 극복하는 방법을 찾아낼 수 있을 것이다.

프랑스 시인 오르텅스 블루(Hortense Vlou)가 쓴 〈사막〉이라는 시에서 인간이 외로움과 고독을 이겨낼 수 있는 기발한 방법 하나를 배우게 되었다. 사막에서 너무도 외로웠던 사람이 때로는 뒷걸음으로 걸었다고 한다. 자기 앞에 찍힌 발자국을 보기 위해서였다. 눈물나게 외로운 시가 아닐 수 없다. 아무도 도와줄 수 없을 것 같은 인생의 사막에서조차 우리는 견뎌내는 힘을 지니고 있음을 알 수 있다. 그러니 지금 외롭고 힘든 시기를 겪고 있는 이가 있다면 이 시기를 통해 우리에게 삶의 지혜라는 큰 선물이 기다리고 있음을 말해주고 싶다.

지혜로운 사람의 눈은 깊다. 그리고 그 깊은 눈은 쳐다보기만 해도 위안이 된다. 그 눈 속에는 그 사람만의 시간이 들어 있기 때문이다. 어려움을 겪어본 사람들은 '시간이 지나면', '점점', '그때는' 등과 같은 시간에 대한 언급을 많이 한다. 겪어본 사람의 위로가 겪어보지 않은 사람의 위로와 무엇이 다른지는 그 사람이 가지고 있는 눈을 보면 알 수 있다. 만약 나처럼 소중한 대상을 상실한 경험이 있는 사람이 있다면 희망과 용기를 주고 싶다.

죽음은 그저 낡은 껍데기를 벗어던진 것과 같고, 대신에 다른 사람은 가지지 못한 특별한 별을 선물로 가졌음을 알았으면 좋겠다. 그 별이 기억에서 사라지지 않는 한 우리가 헤어진 것이 아니고, 우리는 그 사건으로 인해 더욱 빛나는 눈을 소유하게 되었다는 것 또한 알았으면 좋겠다.

하나의 삶이 하나의 별이 되었음을 기쁨으로 축복해주자. 그리고 그 힘으로 다른 이를 돕는다면 우리 삶은 더욱 의미 있는 삶이 되리라고 믿는다. 반짝반짝 빛나는 그런 삶이 되기를 소망한다.

모방은 창조의 어머니다

피카소 作, <아비뇽의 여인들>　　출처 : 저자가 그린 모작

20세기 최고의 천재 미술가 하면 많은 사람들이 주저 없이 파블로 피카소(Pablo Picasso)를 꼽는다. 그런데 그의 천재성은 끊임없는 모방에서 나왔다는 것을 아는 사람은 많지 않다. 피카소는 어렸을 때부터 아버지의 작품을 비롯해 여러 대가들의 그림을 숱하게 따라 그렸다. 피카소의 실력은 유년시절 이미 성인 예술가들을 뛰어넘었다. 하지만 그는 평생 어린아이의 시선을 간직하려고 노력했다. 인위적으로 새로운 것을 찾아나서지도 않았으며, 대신 '발견한다'고 강조했다.

　예를 들면 〈황소머리〉와 같은 작품을 보면 일상에서 쉽게 볼 수 있는 자전거 안장과 손잡이로 만들어져 있다. 그는 그저 고물상에서 고물 자전거를 보다가 문득 평소 즐겨 보던 투우 경기를 떠올렸을 뿐이라고 설명했다. 그렇게 자전거와 소, 기존의 두 요소를 연결해 조합하고 보니 결과물이 탄생했다.

　특히, 그에게 가장 큰 영감을 준 것은 1656년 벨라스케스(Velázquez)가 완성한 〈시녀들〉이라는 작품이다. 피카소는 학교에도 가지 않고 매일 미술관으로 가서 이 그림을 따라 그렸다고 한다. 그리고 똑같이 그릴 때까지 수없이 다시 그리는 것을 반복했다. 60년이 지나고 피카소가 76세가 된 해에 벨라스케스의 작품을 다시 따라 그리기 시작했다. 이번에는 자신의 화풍대로 전체를 그리기도 하고, 일부를 그리기도 한 것이다. 이렇게 그리기 시작한 피카소의 〈시녀들〉이 58점이나 되고, 현재 피카소 박물관에 전시되어 있다고 한다.

여든이 넘은 나이에도 피카소는 마네, 쿠르베, 엘그레코, 들라크루아 같은 거장의 작품들을 리메이크했다고 한다. 그렇다면 피카소가 다른 화가들의 그림을 모방한 이유는 무엇이었을까? 모방은 새로운 것을 빨리 배우게 해주기 때문이다. 그는 선배 화가들의 그림을 따라 그리면서 그들의 화풍, 구조, 색감 등 필요한 지식을 익혔던 것이다. 피카소는 그저 베끼는 데 그치지 않고 핵심을 가져와 자신의 것으로 녹여냈다. 피카소는 모방을 하면서 자신의 화풍을 만들어갔고 마침내 입체파라는 전무후무한 화풍을 완성했다.

입체주의는 쉽게 말해, 정육면체라는 도형을 전개도로 펼쳤을 때, 마음대로 가위로 자르고, 그중 마음에 드는 조각을 캔버스 위에 붙이는 것이다. 그러면 입체주의 회화의 완성이다. 피카소는 마침내 1907년 〈아비뇽의 처녀들〉로 입체주의 시대를 활짝 열었다. 피카소는 이 작품에서 매춘부들의 모습을 그렸는데, 이들은 발가벗은 채 도발적인 자세를 취하고 캔버스 밖을 응시하고 있다. 여인들의 얼굴은 왜곡되어 있으며, 앞줄의 여성은 등을 보이고 앉아 있지만 얼굴은 정면을 향하고 있다. 몸은 옆인데 눈은 정면을 보고 있거나 어떤 얼굴은 마치 조각상과 기하학적 특성이 괴상하게 결합되어 나타나 있다. 지금까지의 회화가 원근법과 명암법을 절대 공식처럼 여겨져 왔다면 피카소는 이를 전부 무너뜨린 것이다.

즉, 기존 전통 회화의 문법을 모조리 해체한 셈이다. 하나의 시점으로 대상을 보지 않고, 다양한 시점에서 바라본 부분, 부분을 해체하고, 다시 합쳐서 재구성했다. 이후 피카소는 "창조의 모든 행위는 파괴에서 비롯된다"라는 입체주의의 길을 아주 당당히 걸어 나갔다. 피카소의 작품 세계에 대한 이야기를 통해 모방은 자연스레 개선과 변형으로 이어진다는 것을 알 수 있다.

잘 모방하려면 세상에 호기심을 갖고 눈여겨보고 따라 해보며 경험하는 게 중요하다. 그래야 모방의 결과에 피카소처럼 자신만의 가치와 철학을 담아 진정 새로운 것을 창조할 수 있기 때문이다. 아이디어는 아무것도 없는 백지에서 나오기 힘들다. 아이디어는 다른 사람의 아이디어라는 기폭제를 필요로 한다. 다른 사람의 아이디어에서 모방을 통해 자신의 아이디어를 일깨운다. 따라하다 보면 생각이 떠오르고 깨닫게 된다는 것이다.

그러니 표절이나 모방으로 시작해도 좋다. 다만 단순 모방이 아닌 개념적 모방이나 여러 가지를 동시에 모방하는 약간의 기술적 모방이 필요하다. "한 사람의 아이디어를 훔치면 표절이지만 여러 사람의 아이디어를 훔치면 작품이 된다"라는 말도 있지 않은가. 즉, 모방의 기술은 하나를 모방하기보다는 몇 가지를 동시에 모방하는 것이 좋다는 뜻이다. 창의성은 아주 새로운 것을 만든다기보다 기존의 것을 새롭게 연결하는 것이기 때문이다. 이는 "훌륭한 예술가는 모방하고, 위대한 예술가는 훔친다"는 피카소의 말과 일맥상통한다.

완전한 예술가로서의 도둑은 자기가 원하는 것을 단순하게 훔치는 것에서 끝나지 않는다. 하나부터 열까지 모든 상황을 파악해 완전한 계획을 세워 그 훔친 물건을 자기의 것으로 만들어야 한다는 이야기다. 모방을 통해 기술과 철학까지 완전하게 파악해, 그 모방을 초월해 자신만의 새로운 것으로 만든다. 이것은 바로 창조다.

스티브 잡스(Steve Jobs)는 "창조라는 것은 그냥 여러 가지 요소를 하나로 연결하는 것이다"라고 주장했다. 창조는 '창의'와도 같은 의미다. 하지만 "해 아래 새로운 것은 없다"며 평생 지혜를 추구했던 솔로몬의 말처럼 세상에 새로운 것은 이제 거의 없다고 봐야 한다. 그래서 어쩌면 더 창조성이라는 단어보다 창의성이라는 단어가 사회에 받아들여진 것도 같다. 나는 이 말을 설명해줄 고욤나무에 관한 신기한 일화를 알고 있다.

고욤나무는 감나무과로서 감처럼 생겼지만 훨씬 작고 가을이면 도토리 크기의 열매가 맺힌다고 한다. 그 맛은 떫고 쓰다. 그래서 고욤나무 가지에 상처를 낸 후 감나무 가지를 붙이는 접 붙이기 작업을 해야 한다고 한다. 그렇다면 고욤나무에 붙어 있는 감나무에서는 고욤이 열릴까? 감이 열릴까? 신기하게 고욤나무에 붙어 있는 감나무 가지와 고욤나무에서 감이 열린다고 한다. 고욤나무와 감나무가 결합되어 더 예쁘고 큰 감이 열린다는 것이다. 이 이야기를 듣고 고욤나무가 좋은 감나무가 되려면 접을 잘 붙여야 한다는 걸 알 수 있다. 사람도 이와 마찬가지로 주위의 훌륭한 사람을 잘 알아보고 접을 잘 붙여야겠다는 깨달음을 얻었다. 인간에게 접을 붙인다는 것은 훌륭한 사람의 지식에 내 생각을 접목시켜 더욱 성장하는 내가 되는 것이라고 생각한다.

비록 내가 꾸었던 꿈은 십분의 일 정도로 작지만 내 꿈에 다른 사람의 꿈을 접목시킨다면 훨씬 더 큰 꿈의 열매를 맺는다는 뜻이기도 하다. 다른 사람의 지식을 내 몸에 접목시킨다면 막상 그 지식이 내 몸에 닿을 때는 상처가 생기기도 하고 불편할 수 있다. 하지만 전혀 다른 사람의 지식과 나의 지식이 결합되는 과정에서 화학작용이 일어나 지금보다 열 배, 스무 배 더 퀄리티 높은 지식으로 탄생될 것이다.

끊임없이 나와 다른 사람의 꿈을 내 생각에 접목시키게 되면 내가 가지고 있는 생각보다 훨씬 커질 수 있다는 사실을 고욤나무의 열매에서 배울 수 있다. 이처럼 자연에서 배우는 놀라운 창조력과 지혜를 주는 일화가 또 있다. 지렁이를 잡아먹는 도요새의 이야기다.

비 오는 날 지렁이는 땅속에서 나온다. 그렇다면 지렁이가 땅 위로 나오는 원리는 무엇일까. 힌트는 비가 오면 빗방울이 땅을 두드리는 데서 찾을 수 있다. 땅을 두드리는 빗방울 소리에 지렁이가 피부로 진동을 감지하고 비로소 밖으로 나온다는 것이다. 그 후 지렁이의 생은 도요새에 의해 끝나고 말지만 도요새에게는 큰 수확이 아닐 수 없다. 그런데 어느 날 도요새에게 고민이 생긴다. 가뭄이 심각한 날은 지렁이가 다시 땅속으로 들어가버린다는 것이다. 그러면 가뭄일 때 도요새는 굶어 죽어야 한다는 말인가. 하지만 지식 생태학자 유영만 교수님으로부터 도요새의 놀라운 지혜를 들을 수 있는 기회가 있었다.

비가 오지 않는 날도 도요새가 지렁이를 불러내어 땅 위에서 잡아먹는다는 것이다. 들어보면 이렇다. 도요새가 지렁이의 행동을 유심히 관찰을 하게 된다. 관찰해서 궁리에 궁리를 거듭하고, 생각하는 것을 고찰이라고 하는데, 이때 동시에 깨달음과 각성이 찾아오게 된다는 것이다. 그게 바로 통찰이라고 한다. 통찰을 되뇌어 생각하는 것은 성찰이다. 그렇다면 비가 오지 않는 날 도요새는 어떤 깨달음을 얻게 되었을까. 비가 오면 지렁이가 밖으로 나온다는 것을 비로소 알게 된 것이다. 그래서 도요새는 비가 오지 않는 날에는 마치 비가 오는 것처럼 지렁이가 착각하도록 만들어야겠다는 위대한 통찰을 얻게 되었다. 그래서 비가 오지 않는 날은 땅을 부리로 찧고 다닌다. 마치 비가 오는 것처럼 지렁이를 속이는 행위였던 것이다.

저마다의 모든 생명체는 살아가는 생존 방식의 원리가 있다는 것을 알 수 있다. 우리한테 많은 배움의 원천을 제공해주는 것은 자연이다. 자연은 깨달음을 주는 학습의 대상이다. 생각을 새롭게 하고, 귀한 깨달음을 느낄 수 있는 기회를 이 작은 도요새에게서 얻었다.

대충 보면 대충 생각하게 된다는 원리와 대충 생각하면 통찰이 떠오르지 않는다는 것을 배울 수 있었다. 문제 의식이나 위기 의식은 오히려 사람의 마음을 움직이는 데 큰 도움을 준다는 것도 알게 되었다. 문제 의식이 없다면 사람은 생각하지 않게 되기 때문이다. 나에게 닥쳐왔던 위기가 내가 어떤 공부를 시작해야 하는지에 대한 의문과 어떻게 살아야 하는지에 대한 고찰을 가능하게 했고, 그것이 지금의 나를 만든 것이나 다름없다.

나에게도 수많은 삶의 모방이 있었다. 많은 책과 강의들을 찾아보았고, 그중 내가 접붙일 만한 위대한 인물을 닮기 위해 노력했다. 그분들의 생각을 모방하고, 내 생각을 접목시켜 마침내 나만의 인생철학을 정립시킬 수 있었다. 즉, 나만의 독창적이고 고유한 인생을 창조할 수 있게 된 것이다. 상상할 수 있는 모든 것은 이미 세상에 존재하고 있었다. 단지 모방할 만한 대상을 찾기만 하면 되는 것이었다.

'모방은 창조의 어머니'라는 위대한 말처럼 모든 사람들은 모방으로부터 시작해서 피카소처럼 나만의 것을 더 발전시켜 개개인의 나를 찾아갈 수 있다. 모방에서 시작해 다양한 연결을 만들어본다면 자신만의 가치와 철학을 담아 진정 새로운 것을 창조할 수 있기 때문이다. 명품은 명품을 낳는다. 내가 바라는 것이 있다면 내가 먼저 명품 삶을 살아가는 모습을 보여줌으로써 많은 사람들이 그들만의 명품 삶을 찾기를 바라는 것이다. 이미 명품인 삶을 더욱 반짝반짝 갈고 닦으며 살아가는 사람들이 늘어났으면 좋겠다. 이미 있는 것에 더하기, 빼기, 곱하기, 나누기를 함으로써 더욱 값진 새로운 나만의 명품 인생을 만들어가기를 바란다.

살다 보면 그림이 필요한 순간이 있다

"아팠던 날도 지나고 보면 한 폭의 그림이다."

김두엽 작가님의 말이다. 그림에서 따뜻한 위로를 받는다는 느낌이 이런 것일까? 김두엽 작가님의 그림은 동심과 따스함으로 가득하다. 그녀의 화사한 그림을 보고 있으면 마음이 푸근해지는 것 같다. 사계절 자연의 색채를 그림에 고스란히 담아낸 작가의 삶에 대한 따뜻한 시선이 간접적으로나마 보이는 듯하다. 아름답고 예쁜 것들을 눈과 마음에 담아 하루하루를 살아내려는 그녀의 삶에 대한 자세가 엿보인다.

김두엽 작가님은 83세의 나이에 그림을 그리기 시작했다. 어느 날 빈 종이에 그린 그림을 본 화가인 막내아들의 칭찬으로 그림을 계속 그리게 되었다고 한다. 그 예쁜 말 한마디가 너무 좋아 계속

들고 싶어 그림을 그리다 보니 어느새 12년 차 화가가 되어 있었다고 한다. 머리카락이 하얗게 변해갈수록 어린아이 같은 순수함은 더없이 커져간다. 심심풀이로 딱 좋은 취미라고 생각해서 그림을 시작하셨다고 했지만 그녀의 그림 솜씨는 남달랐다. 한 사람의 관심이 정말 누군가의 인생을 바꾸는 것일까. 막내아들의 칭찬이 없었더라면 그냥 낙서로 끝났을 일이었다. 아들은 엄마가 그림을 그릴 때마다 특급 칭찬을 해주었을 테고, 그녀는 아들의 칭찬에 계속 그림을 그릴 수 있는 힘을 얻었을 것이다. 나의 작은 칭찬으로 인해 누군가의 인생이 달라질 수 있다는 것을 생각하면 갑자기 정신을 바짝 차려야겠다는 생각이 든다.

나에게는 인생의 작은 획을 그어준 친구가 한 명 있었다. 중학교 때 같은 반 학생이었고, 내 뒤에 앉은 친구였다. 짧은 시를 쓰는 수업이었는데 나는 구름에 관한 시를 썼던 것 같다. 그때 뒤에 앉은 그 친구가 나의 시를 읽어보고 엄청난 특급 칭찬을 해주었던 기억이 아직도 생생하다. 놀란 그 친구의 표정은 내게는 너무 큰 칭찬으로 다가왔다. 몇 십 년이 지났는데도 아직도 기억에 남아 있는 것을 보면 크게 감동했었나 보다. 그 작은 칭찬의 힘으로 여기까지 올 수 있었다고 해도 과언이 아닐 것이다. 이처럼 칭찬은 누군가의 인생을 바꿀 수도 있다는 말에 깊게 공감한다.

인간을 창조한 신의 목적에 맞게 사람은 누구나 천재성을 가지고 있다. 가장 가까이에서 엄마인 나의 영향을 가장 많이 받을 아이들에게도 더욱 사랑과 관심으로 그들의 천재성을 발굴해줘야겠다는 생각이 절실하게 든다. 엄마를 닮아서인지 딸은 그림을 좋아한다. 그리고 부모라면 누구나 그렇듯이 자녀들이 그려주는 그림은 참 특별하다. 나는 딸이 그린 그림들을 최대한 모아놓으려고 한다. 그리고 나서 딸이 성장하면 차곡차곡 모아놓은 그림들을 선물하려고 한다. 나는 어렸을 때 그림을 많이 그렸고, 편지들도 많았지만 아쉽게도 추억할 수 있는 자료들이 지금은 하나도 없다. 어느 날 사진 앨범을 보다가 앨범의 빈 여백에 어릴 적 내가 남긴 작은 흔적이라도 발견할 때면 그렇게 반가울 수가 없다. 어릴 적 그립고, 보고 싶었던 나를 우연히 마주친 느낌이랄까. 이처럼 모든 나의 흔적은 그것이 사소한 낙서일지라도 모두 소중하다.

그래서 딸의 그림을 모으게 되었다. 순간순간 현재와 이별하는 우리의 삶은 지금 이 순간도 과거를 맞이하고 있다. 소중한 딸의 추억을 이렇게라도 붙잡아주고 싶다. 찰나의 기쁨들을 그냥 흘려보내기가 너무 아까워 증거물을 수집하는 심정으로, 그리고 성장하면서 힘들고 지칠 때 과거의 행복했던 시간들을 꺼내어 직접 그 기쁨을 만져보고, 냄새를 맡게 해주고 싶다.

성인이 된 후 나의 흔적들을 더듬어보며 어릴 적의 작은 나에게 위로받게 되기를 기대하기 때문이다. 그림은 내가 그랬듯이 아이에게도 과거의 나와 현재의 나를 연결해주는 유일한 통로가 되어줄 것이다.

김두엽 작가님도 그림이라는 연결 통로를 이용해 과거를 되돌려 보고 있는 듯하다. 즐거운 추억은 곱씹어보고, 나쁜 추억은 바람에 날려 보내는 과정이 그림인 것 같다. 그녀의 그림에서는 어린 시절의 자신, 엄마가 된 후의 자신, 그리고 현재의 자신을 아주 행복하게 표현하고 있다. 내 마음 안에 있는 색들로 흰 종이를 채워나갈 때만큼 행복한 순간은 없을 것이다.

그녀를 보면 정말 사람에게 늦은 나이란 없구나 하는 생각이 든다. 한글도 몰라 늦은 나이에 배우기 시작했고, 그림 또한 그렇지 않은가. 어릴 적 함께 살았던 우리 할머니는 신실한 가톨릭 신자였는데, 수첩에 서툰 글씨를 꾹꾹 눌러 적으셨던 기억이 난다. 서툰 한글 솜씨로 미사책을 공부하시며 손녀딸인 나에게 자주 물어보셨던 기억도 생생하다. 늘 묵주를 손에 들고 묵상하시던 할머니는 어느 날 갑자기 욕실에서 쓰러지신 후 끝내 돌아가시고 말았다. 슬픔이 컸지만 나는 이상하게 그때부터 눈물을 참았어야 했다. 슬펐지만 티내지 않기 위해 꾹 참았다. 그때도 실컷 울지 못했던 것을 보면 나는 언제부터인지 감정을 자주 숨겼던 것 같다.

어렸을 때 나는 감수성이 풍부하고, 눈물이 너무 많아 늘 놀림을 받았다. 부모님의 말 한마디에도 저절로 스며 나오는 눈물을 참을 수 없는 경우가 많았다. 그래서 별명이 울보였다. 기억은 나지 않지만 학교에서도 친구들 또는 선생님들 때문에 눈물을 많이 흘렸다. 어느 날인가는 병아리가 죽어서 너무 슬픈 상황이었는데, 아빠는 부모가 돌아가실 때나 우는 거라고 말씀하시며 우는 나를 나무라셨다. 그래서인지 내 눈에서 흘러나오는 눈물을 나는 미워했다. 눈물이 흐르려고 하면 꾹 참는 습관이 그때부터 생겨버렸다. 눈물은 수치스러운 거라고 여겼다. 나는 꼭 고치고 싶은 게 있으면 고치고야 마는 굉장한 노력파였다. 그래서 눈물이 나는 것도 피나는 연습을 통해 나아질 수 있었다. 그렇게 노력해서 고친 습관이었건만 요즘은 다시 눈물이 많아졌다.

딱딱하게 굳었던 내 마음들이 무언가에 의해 꿈틀거리고 있다는 생각이 든다. 다만, 예전과 다른 점이 있다면 슬퍼서 우는 게 아니라 내가 요즘 흘리는 눈물은 주로 감동의 눈물이다. "눈물은 사람들 마음 속 슬픈 수증기들이 따뜻한 말에 녹아 내리는 것"이라고 하셨던 김창옥 강사님의 멋진 문장이 생각난다.

누군가 내 마음을 알아주는 것만으로도 감동의 눈물이 흐른다는 것을 나는 깨달았다. 어릴 때 나의 눈물을 공감받고 인정받지 못했던 경험으로 인해 눈물은 수치스러운 것이라고 기억하고 있었지만 지금 흘리는 눈물은 분명 나의 내면을 성숙하게 만들어주는 눈물이다.

어느 날 나의 원고 중 한 편의 글을 읽은 이에게 전화를 받았다. 함께 글을 쓰는 지인의 이름이 휴대폰 화면에 뜨는 순간 반갑게 받았다. 그런데 그분의 울음 섞인 목소리를 듣자마자 순간 나도 공명이 되어 같이 울고 말았다. 눈물은 어떤 위로의 말보다 진했다. 눈물은 백 마디의 말보다 깊은 감동을 준다는 것도 알게 되었다. 나는 눈물이 없었던 게 아니라 그동안 공감받을 만한 공간도 사람도 없었다는 것을 알았다. 하지만 글을 쓰고, 그림을 그리면서부터 자신도 몰라보게 나는 행복해졌다. 표현하는 행복이 얼마나 큰 의미가 있는 것인지 알게 되었기 때문이다.

누구에게나 마음을 움직이는 그림이나 글이 있기 마련이다. 슬퍼서 우는 게 아니고, 예뻐서, 아름다워서 울기도 한다. 이런 게 바로 감동이 아닐까 생각한다. 산다는 것은 먹는 것, 입는 것 등을 포함해 그저 단순한 기쁨과 즐거움만으로는 우리의 정서를 채울 수 없는 것이 아닐까. 누구에게나 힘들거나 일이 고단하다고 느끼는 순간이 분명 있다. 세상에 혼자인 것처럼 외로운 순간도 다가온다. 그럴 때 삶을 구원해주는 매개체가 있다면, 삶은 유지되는 것 같다. 찰나처럼 다가오는 기쁨과 위로의 순간이야말로 기적이라고 부를 수 있지 않을까. 그것이 누구에게는 음악이고, 영화이거나, 어떤 사람에게는 동물일 수도, 또는 나처럼 그림일 수도 있다. 그런 매개체를 통해 세상은 반짝 빛이 난다. 삶을 지켜주는 빛이다.

나는 밝고 빛나는 색채에 이끌려 해바라기를 좋아하게 되었다. 활짝 핀 해바라기는 뜨거운 태양을 가득 품고 언제나 나의 열정을 자극한다. 나만의 취향을 가지고 있다는 것은 삶에서 정체되었을 때 한 발 나아가는 힘을 주는 것 같다. 인생의 선택지에서 어느 길로 가야 할지 몰라 막막할 때는 잠시 고민을 멈추고 명화에게 넌지시 말을 걸어보자. 보고 싶은 대로 보고, 읽고 싶은 대로 읽다 보면 내가 어떻게 살고 싶은지 작은 힌트를 얻을 수 있을 것이다. 예술은 우리 마음에 한 뼘의 공간을 마련해줄 것임이 분명하다.

모든 감정은 자신이 선택한 것이라고 한다. 어떤 생각을 하는지가 우리의 감정을 결정한다는 뜻이다. 나에게는 마음이 무거울 때 쓸 수 있는 좋은 방법이 있다. 그림을 그리고, 노래를 부르고, 악기를 연주하고, 글을 쓰고, 경건하게 행동하고, 산책을 나가는 것이다. 이런 행동들로 마치 수도자가 경전을 읽으며 시간을 보내는 것처럼 살아가고 있다. 나는 지금 너무나 충만한 시간들을 보내고 있다. 내 삶이 도저히 감내할 수 없을 정도로 어렵게 느껴졌던 그 나날들을 지나온 것은 지금 이 시간을 누릴 수 있는 값을 치른 것이라고 생각한다.

행복해지거나 '나 자신을 가꾸는 일'은 스스로 해야 할 일이다. 옆에서 도와줄 수 있어도 결국에는 나 자신이 해결해야 하는 것 같다. 행복하고 싶지 않은 사람들은 없을 것이다. 다만 그 방법을 몰라 고민하고 있을 뿐이리라. 그림에 끌림이 생기면 첫사랑이라는 설렘의 경험처럼, 그리고 소중한 내 아이와의 첫 만남처럼 밤잠을 설치게 한다고 한다. 이렇듯 자신을 위로해줄 수 있는 그림을 나에게 선물해보자. 들여다볼수록 나를 행복하게 만드는 그림을 찾아보

자. 끌림에 끌림을 더하는 그림이면 더욱 좋다. 집에 걸어놔도 좋고, 액자에 껴놓고 책상에 두어도 좋다. 이왕이면 추억과 관련된 그림이어도 좋고, 보기만 해도 마음이 따뜻해지고 행복해지는 그림이면 더 없이 좋을 것이다.

그림을 통해 내 마음을 들여다보자. 반복되는 하루 속에서 쉽게 잃어버릴 수 있는 '나'를 애타게 찾아줄 수 있는 사람은 세상에서 유일하다. 바로 나 자신. 그런 나에게 그림 한 점을 선물해서 작은 풍요를 느껴보자. 지친 몸을 추스르고, 일상의 피로에서 벗어날 수 있도록 도와주는 것은 거창함이 아닌 사소한 즐거움이기 때문이다. 내 삶에 그림이 필요한 순간이 분명 있다.

마네, 악하고 추한 것에서
아름다움을 찾아내다

마네 作, <풀밭 위의 점심 식사>   출처 : Artvee.com

인상파의 아버지라고 불리는 마네(Edouard Manet)는 '미래의 기술로 가는 문'이라고 할 만큼 기존 화풍의 전통을 파괴했다. 마네는 일상의 모습을 자신만의 화법으로 그렸다. 전통을 거부한 마네의 그림 그리는 방식은 신선하게 느껴졌고, 인상주의 화가들의 환영을 받았다. 그래서 마네를 '인상파의 아버지'라고도 부르는 것이다. 당시 미술계에서 자기의 방식으로 그린 그림을 인정받고 싶었던 마네는 〈풀밭 위의 점심 식사〉라는 작품을 살롱전에 출품했고, 심사위원들을 경악하게 했다.

　이 작품은 과거의 명작을 오마주한 그림이다. 과거의 명작을 오마주하는 경우는 거의 신화나 성서, 역사 속 인물들이었다. 하지만 이 그림의 주인공은 1860년대를 함께 하고 있는 평범한 사람들이었다. 건장한 신과 아름다운 여신이 있어야 할 자리에 마네는 평범한 사람들을 그려 넣었고, 여신이 있어야 할 자리에 평범한 여인을 그려 넣었다. 이를 보고 사람들은 지저분한 누드라고 비난했다. 사람들이 경악했던 진짜 이유 중 하나는 퇴폐적으로 놀아나는 당시 부르주아 남성들의 얼굴을 뜨겁게 만들었기 때문이다. 그림이 그들의 방탕한 생활을 마치 거울처럼 비추는 풍자적 비유를 했던 것이다. 그들에게 잠재적 위협으로 느껴졌을 것이다.

　이처럼 〈풀밭 위의 점심 식사〉라는 작품을 그렸을 때 비평가들은 그의 작품을 신랄하게 비판했다. 하지만 그와 동시에 인상주의 화풍을 따르는 차세대 화가들에게는 엄청난 찬사와 열광을 받았다.

이제는 그 이름만 들어도 〈풀밭 위의 점심 식사〉라는 대표작이 떠오르는 19세기 프랑스 화가이자, 독특한 스타일과 초점으로 이후의 수많은 화가들에게 영감을 준 화가의 한 사람으로 기억되고 있다.

마네는 전통적인 소재를 거부하고 당시의 사건이나 상황을 그리는 새로운 예술의 길을 열었다. 그가 독창적으로 새로운 예술의 길을 열 수 있었던 이유는 깊이 존경하고, 사상적 스승으로 여긴 사람이 있었기 때문이다. 그는 바로 보들레르(Charles-Pierre Baudelaire)다. 보들레르는 당시 매춘부와 성행위, 시체와 죽음 등 추함과 악함에 대한 묘사로 가득 찬 시집 《악의 꽃》을 쓴 시인이었다. 그의 시는 대부분 고상한 주제가 아닌 '동시대의 사람들'로부터 파격적인 것으로 받아들여졌다. 그가 천재 시인임에도 불구하고 사람들에게 천대받은 이유도 거기에 있다. 보들레르는 '악하고 추한 것'에서 아름다움을 찾아내는 파격을 늘 시도했다. 이렇게 과거의 관습을 거부한 결과, 그의 예술에는 시대를 앞선 현대성이 깃들어 있었다.

그렇게 둘은 거의 매일같이 만나면서 보들레르의 한 발 앞선 생각을 마네는 수없이 들었을 것이다. 지금은 당연해 보이는 '동시대적 생각'을 과거로부터 생각했다는 것은 엄청난 일이 아닐 수 없다. 그리하여 탄생한 마네의 〈풀밭 위의 점심 식사〉 이후에 그린 〈올랭피아〉 등의 작품은 시인 보들레르의 생각을 기초로 탄생되었다고 할 수 있다.

마네는 보들레르와 같이 동시대의 어두운 생활상에서 미를 추출

해 그리겠다는 주제 의식이 있었다. 보들레르의 시집 《악의 꽃》에서 노래하는 '악함과 추함의 미'에서 얻은 영감일 것이다.

마네는 "사람은 누구나 현재에 충실해야 하고, 자신이 보는 것을 그려야 한다"고 주장했다. 마네 그리고 보들레르는 일반적인 고정관념의 틀을 벗어난 사고를 하는 진정한 창조자가 아닐까 생각이 든다. 우리는 사회적 동물이기 때문에 그런지 관습과 규범에 따라 사는 것을 굉장히 중요하게 생각한다. 그러다 보니 고정관념이라는 틀 안에 갇혀 있다는 생각조차 하지 못할 때가 있다.

우리는 때 묻지 않은 어린아이의 그림을 보고 순수하다고 표현한다. 어린아이들은 고정관념이라는 게 없기 때문이다. "사람은 누구나 현재에 충실해야 하고, 자신이 보는 것을 그려야 한다"라고 말한 마네의 생각은, 현재를 충실히 살아가고 보이는 대로 믿는 어린아이들의 발상과도 매우 흡사하다는 생각이 든다.

마네의 사상은 상당히 앞서 나갔던 것뿐이다. 설마 그 시대의 퇴폐적인 부르주아 남성들을 비난하기 위해 그가 작품을 탄생시키지는 않았다고 생각한다. 그저 있는 그대로를 표현한 어린아이적 발상이 아니었을까. 마네의 그런 독특한 사상을 오히려 칭찬해줘야 할 듯 싶다.

우리는 사물이나 어떤 사건을 바라볼 때 두 가지의 시선으로 바라볼 수 있다. 쉽게 설명할 수 있는 예는 우리가 흔히 알고 있는 〈노파와 아가씨〉 그림이다. 이 흔한 그림 속에는 긍정과 부정에 대한 본질이 숨겨져 있다. 그림을 아가씨로 보는 순간 노파는 의식에서 사라진다. 그러다가 다시 노파로 바라보는 순간 이번에는 아가씨가 의식에서 사라진다. 아가씨에서 노파로 보이는 순간 아가씨가 진짜 사라졌다고는 할 수 없다. 아가씨는 잠시 우리 의식에서 잠재하고 기다리고 있을 뿐이다. 그래서 어느 한쪽이 보인다고 해서 그 한쪽이 전부가 아니라는 것을 알 수 있다.

긍정을 바라보면 부정이 보이지 않는 것, 부정을 바라보면 긍정이 보이지 않는다는 것과 같다. 즉, 우리는 어떤 상황을 나름대로 해석하고 거기에 파묻혀버리는 습성이 있다. 어떤 것을 판단하기 이전에 본질을 꿰뚫어 볼 수 있는 지혜가 있다면 참 좋겠다. 지혜는 곧 유연한 사고로 시작되는 경험이 아닐까. 나이가 들어서 젊었을 때처럼 순발력을 발휘하기는 어렵다.

하지만 우리에게는 경험으로 축적된 지혜가 있다. 이러한 지혜를 유연함과 잘 연결해서 좀 더 융통성 있는 사람이 되도록 노력한다면 한 단계 성숙의 길로 이르는 길일 것이다. 점점 굳어가는 고정관념은 어른이 되지 못한 기성세대의 적일 뿐이다. 기성세대는 기존의 틀을 지키려는 입장이고, 다음세대는 기존의 틀을 넘어 새로운 질서를 만들어내는 창조자다. 마네를 따르는 인상주의 후배 화가가 있었듯이, 그리고 마네가 기성세대의 평론가들과 충돌이 일어났음에도 불구하고 새로운 예술의 질서를 만들어냈듯이 말이다.

이렇듯 기존의 가치와 새로운 이상이 처음 만나면 충돌이 일어나는 게 당연하지만 유연함과 지혜로 갈등을 조금씩 해소해나간다면 우리의 미래는 훨씬 더 창조적이지 않을까. 갈등을 넘어 진보의 길로 가기 위해서는 '라떼'를 말하는 기성세대가 아니라, 다음 세대가 찾아와 의논할 수 있는 융통성 있는 어른이 되도록 노력해야 하겠다. 그런 면에서 예술가들에게 있는 상상력과 창조력, 그리고 유연한 사고를 배워야 한다.

생각이 열리지 않으면 창조력 또한 일어날 수가 없다. 상상력이 있으면 자신의 인생 또한 창조해나갈 수 있는 힘이 생길 확률이 높다. 그래서 창의성, 창의성 하는 것이다. 이러한 창의성이 중요한 이유도 삶의 문제를 해결할 때 참 유용하기 때문이다. 창의력은 융통성과도 연결된다.

융통성이 있는 사람은 남의 이야기도 잘 들을 줄 알고, 생각 또한 유연하게 나눌 수 있다. 어떤 사람은 자기 고정 관념에 갇혀 자기 생각과 맞지 않으면 그 순간 귀를 닫아버린다. 그것처럼 답답한 게 없는 것 같다. 사람도 서로가 맞는 사람을 알아본다. 보들레르와 마네처럼 말이다. 그들의 우정이 어느 정도 남달랐는지는 모르지만 사상이 통했다는 것은 최소한 외롭지는 않았을 거라는 느낌이 든다. 생각이 비슷한 사람과 대화하는 것이 얼마나 즐겁고 의미 있는 시간인지 우리는 알기 때문이다.

자기 생각에 빠져 사는 편견과 독단의 위험성은 나이가 들면서 더 늘어가는 것 같다. 꼼꼼하게 계산하고 철저하게 계획했다가 예상치 못했던 갑작스런 일에 흔들리며 괴로워하기도 한다. 나는 계산할 줄 모르고, 큰 계획은 세워도 세세한 계획을 잘 세울 줄 모른다. 계획을 세우지 않았기 때문에 계획대로 되지 않는 상황을 맞이하는 경우가 적어 속상해하는 일도 별로 없다. 딱 반반씩 섞는다면 참 이상적인 인간상이 될 듯 하지만 쉽지 않다. 그중 다행인 것은 나는 생각의 전환이 빠르다는 장점이 있다. 안 좋게 말하면 단점이 될 수도 있지만, 어쨌든 생각이 잘 변하기 때문에 삶을 빨리 바꿀 수 있었다. 주위에서는 나에게 귀가 얇다는 표현을 쓰기도 한다. 하지만 나는 조금 합리화시켜서 건강한 변덕쟁이라고 표현하고 싶다. 더 좋게 말해서 유연성이라고 하면 어떨까?

어쨌든 생각의 유연성은 삶을 살아가는 데 부드러운 목화솜과 같다. 내면이 잘 영글어서 부드러운 솜이 열리듯 유연성과 상상력, 그리고 창조력을 잘 조절만 한다면 꽤 괜찮은 삶을 살지 않을까 생각한다. 나는 목화솜 같은 사람이 되고 싶다. 버리는 것 하나 없이 쓰임이 많은 그런 사람 말이다. 그리고 늘 긍정과 아름다움에 초점을 맞추며 살아가려고 한다. 세상은 바라보는 시각대로 펼쳐지는데, 그것은 결코 우연이 아니다. 당연한 결과라고 생각한다. 반면에 불행한 사람들은 어두운 면에 초점을 맞춘다는 연구 결과가 있다. 소냐 류보미르스키(Sonja Lyubomirsky) 교수는 "행복은 환경, 운, 머리가 아니라 상황을 바라보는 시각이 결정한다"고 했다. 진부하지만 긍정적인 생각을 품으면 긍정적인 사람이 되고, 부정적인 생각을 품으면 부정적인 사람이 된다는 흔한 이야기가 있다. 하지만 아주 중요한 인생의 원리가 숨어 있는 말이다.

세상이 아무리 악하고 추하다고 해도 바라보는 나의 시선이 아름다우면 아름다운 세상을 스스로 창조해낼 수 있다. 이왕 살아야 한다면 아주 아름다운 세상의 창조주로 살아보면 어떨까.

사람마다 꽃피는 시기가 다르다

르누아르 作, <피아노 치는 소녀들>　출처 : Artvee.com

어릴 때부터 우리 가족의 분위기에서는 웃음이 없었다. 늘 진지했고, 심각했고, 어떨 때는 살벌하기도 했다. 부모님은 경제활동을 하느라 늘 분주하고 여유가 없었다. 멀리 떨어진 외갓집에 가는 일 빼고는 자식들이 독립하기 전까지도 여행 한 번 다니지 않았다.

유년시절 내내 부모님의 갈등과 냉전 사이에서 불안을 먹고 자란 나는 자격지심, 그리고 낮은 자존감으로 눈치를 보며 성장하다 보니 소심하기 그지 없었다. 하지만 다행히 천성이 대체로 밝고, 긍정적이었기 때문에 무난하게 잘 자란 것 같다. 스무 살 이후부터는 가정보다는 외부에서 받은 영향으로 학창 시절보다는 밝은 성격으로 변해갔다. 또한 대학 생활 중에 경험한 미팅이나 소개팅이 자신감 형성에 꽤 많은 도움이 되었다.

집에서는 거의 의식주 해결만을 하고 거의 외부로 나가 활동했다. 성인이 되자 갑갑한 집안에서 벗어나고 싶은 마음이 가장 컸기 때문이다. 그러나 엄마는 내가 청소도 하고, 설거지 등도 하며 가사를 돕기를 바라셨다. 하지만 나는 늘 미꾸라지처럼 밖으로만 빠져나갔다. 미운털이 박히지 않을 수가 없었다. 그러나 나는 밖에서 생활하는 게 훨씬 재미있었고, 나에게 웃어주는 사람도 많고 마음이 안정되며 편안했다. 특히 이성 친구들은 내가 받지 못한 사랑을 아낌없이 듬뿍 주었기 때문에 나의 결핍도 조금씩 채워져갔다. 사랑받는다는 안정감과 행복감으로 각자 자신의 집으로 돌아간 후에도 나는 마치 아이들이 겪는다는 분리불안을 심하게 겪기도 했다.

돌아보면 마음이 고단하고 공허하기만 했던 20대였다. 사랑받지 못한다는 결핍이 컸기 때문에 나는 내가 좋아하고 잘하는 분야에 몰두할 수 없었다. 무조건 사람에게 의지하고, 사람으로 채우려고 했다. 그렇게 나의 불안한 20대의 청년 시절은 마음의 허기를 채우는 데 바쁜 채 흘러만 갔다.

30대에는 결혼과 동시에 육아의 세계로 빠져들었다. 태어난 아이에 대한 관심과 사랑으로 나의 정체성을 거의 잊다시피 했다. 30대의 나의 주요 키워드는 육아였고, 남편 그리고 부모님, 가사 등이 우선시되어 가장 중요한 나 자신은 없었다. 기쁨과 보람도 잠시 육아에만 몰두하던 어느 순간 공허함은 역시 피해갈 수 없었다. 참지독스럽게 나를 따라다니는 이 공허함은 채우려고, 채우려고 안간힘을 써도 채워지지 않았고, 평생 나를 힘들게 만들었다. 내가 이렇게 겪어보니 성장 환경이 정말 중요하다는 것을 알게 되었다. 그 이후에도 나에게 격변의 시간은 계속되었다. 30대 후반까지 너무 힘든 시기를 겪고 있었는데, 그때 강연으로 유명한 김창옥 강사님을 알게 되었다. 그분의 강의를 듣기 시작하면서 내 마음이 서서히 온기로 채워지기 시작했다. 그분의 이야기를 통해 내 모습을 보았다. 나의 고통을 대신 이야기해주고, 내 마음을 정확히 해석해주는 것 같았다. 그분의 진정성 있고 따뜻한 이야기에 매료되어 늘 가까이 했었다. 이렇게 건강해지기까지 내게 강력한 영향을 주신 김창옥 강사님께 감사한 마음을 전하고 싶다.

마음이 안정되고 나서야 그다음 단계인 나의 꿈을 찾아야겠다는 생각이 들었다. 그러면서 여성들의 국민 멘토면서 이모 같은 김미경 강사님의 강의에 집중했고, 진짜 나를 찾기 위한 본격적인 공부를 하기 시작했다. 강사님은 진짜 나 자신을 만나고, 내가 하고 싶은 것을 하면서 신나게 살 수 있는 세상은 충분히 마련되어 있으니 나만 준비하면 된다고 했다. 거대한 단풍나무도 처음에는 작은 씨앗이었듯이 그 씨앗 안에는 단풍나무가 될 거라는 기초 정보를 담고 있다. 그것을 씨앗 정보라고 하는데, 하물며 인간이라고 기초 정보가 없겠냐는 그 한마디에 내 생각의 관점이 달라지기 시작했다. 그렇다면 나의 진짜 모습은 무엇일까. 궁금해지기 시작했다. 현재의 모습이 내 모습의 전부라고 착각하고 살았다는 생각에 너무 억울했다. 그리고 나에 대한 진짜 탐험을 하기 시작했다. 그러면서 평생을 따라다니며 스스로 괴롭혔던 공허함이라는 것이 거짓말처럼 사라졌다.

나에 대해 탐색하느라 공허할 틈이 없었고, 나에 대해 하나하나 발견할 때마다 너무 신이 났다. 보통은 아이가 있는 경우 모든 감각을 아이에게 집중한다. 하지만 내 아이에 대해 탐색하는 것과는 차원이 다른 신나는 경험이었다. 김미경 강사님의 말처럼 자식 키우는 재미보다 나 자신을 키우는 재미가 훨씬 크다는 말을 실감했다. 그녀가 설립한 MKYU 온라인 대학이라는 곳에 입학하면서 관심 가는 분야의 강의를 골라 들으며 꿈을 찾아 나아갔다. 그러다 관심 분야가 비슷한 커뮤니티 사람들과 소통도 하며 열정에 불타는 나날들을 보냈다. 대한민국에 이렇게 많은 주부들이 진짜 나를 찾고 싶고, 성장하기 위한 열망으로 가득하다는 사실에 신선한 충격을 받았다. 정말 다른 세상이었다. 사람은 다른 사람들의 열정에 끌린다는 말이 있듯이 열정은 열정을 낳았다.

그동안 나의 꿈은 어두운 발밑에서 질질 끌려다니며 짓밟히고, 또 짓밟히다가 얼마나 외롭고 목마르고, 지치고, 답답하고 힘들었을까. 얼마나 나 자신과 만나고 싶었을까. 그래도 포기하지 않고 터지고 피가 나면서까지 끝까지 매달려 나 자신이 알아줄 때까지 버텨준 게 너무 고맙고 미안했다. 나는 나를 포기하지 않았다. 먼 길 돌고 돌아 힘들게 나를 다시 만났으니 이제 절대 놓지 않겠다고 나는 다짐했다.

그토록 좋아했던 그림 그리기를 다시 시작했고, 몰입하는 과정에서 상실되었던 자존감에 꽃이 피기 시작했다. 사랑하는 아이를 바라보고 아이들이 잘되기를 바라는 마음으로 지극정성 보살피는 것만으로는 나 자신을 행복하게 해줄 수 없다는 것을 깨달았다. 아이들의 삶 또한 귀하지만 엄마인 내 삶을 먼저 구원해주는 매개가 있어야 행복한 삶을 지속시킬 수 있다. 내가 좋아하는 행위를 하면서 찰나처럼 다가오는 기쁨과 위로의 순간은 삶을 윤택하게 해준다. 누구에게나 매개는 다르겠지만 각자 다른 그것을 통해 나의 삶에 반짝 활력을 불어넣는다. 바로 내 삶의 충전소인 것이다. 삶의 멘토들은 내가 어떻게 살고 싶은지 방향을 알려주는 나침반 같았다.

인생의 갈림길에서 어느 길로 가야 할지 몰라 답답할 때는 나침반 같은 구원자가 필요하다. 새로운 풍경은 새로운 생각을 낳듯, 어떤 방식으로든 새로운 생각을 할 수 있어야 하고 나의 생각을 깨워야 변화할 수 있다. 새로운 생각은 새로운 행동을 만든다. 그 행동들이 모여 변화를 일으킨다. 방법을 모르겠다면 나와 생활 방식이 전혀 다른 친구를 가까이하는 것도 방법이다. 내 안의 또 다른 이야기가 되살아나도록 유도해주는 관계는 참 좋은 관계라고 생각한다.

독서를 하는 것도 한 방법이다. "가슴 속에 만 권의 책이 들어 있어야 그것이 흘러넘쳐서 그림과 글씨가 된다"라고 했던 추사 김정희의 말처럼 내 인생을 확대하고 싶을 때 가장 쉬운 방법 중 한 가지는 독서였다. 독서를 통해 내 마음과 시선이 머무는 글에 집중함으로써 나의 관심 분야와 취향을 알 수 있다. 독서를 하는 행위는 나를 찾아가는 길 위에 서 있는 것과도 같지 않을까? 내가 점점 성장해가는 모습은 그 어떤 즐거움보다도 벅찬 일이다. 진짜 나의 모습을 찾아가려는 노력보다는 나를 대하는 주변 환경의 시선에만 머물며 슬퍼했던 과거의 시간들이 너무나 아까웠다.

하지만 지금이라도 알게 되었다는 점이 감사하면서도 참 다행이다. 흘러가버린 시간을 아쉬워하기보다 지금부터라도 시간을 금같이 활용하면 되는 것이다. 지금이라도 알았다는 것은 시간을 번 셈이니 감사하게 생각하고 앞으로 정진할 일만 남았다.

내 아이들은 나의 도전과 성공의 과정을 아주 가까이에서 수없이 지켜보았다. 생각해보면 나의 도전과 설렘을 공유하고, 성공의 기쁨을 가장 많이 나눈 사람이 우리 아이들이었다. 부모는 아이의 창이다. 부모라는 창을 통해서 세상을 어떻게 살아가야 하는지 아이들은 배워나간다. 부모가 되면 자식을 교육시키느라 정작 자신은 성장을 멈춰도 된다고 생각하는 사람이 많겠지만 그렇지 않다. 자신답게 제대로 살아가는 부모의 모습은 최고의 교육이라고 생각한다. 내 아이들에게 가장 아름다운 창, 따뜻한 멘토가 되어주는 것이 나의 바람이다.

르누아르(Auguste Renoir)의 그림은 참 따뜻하다. 따뜻한 봄의 햇살을 가득 머금은 듯 온기가 있다. 아이들이 순수하게 잘 자라주기를 바라는 마음의 작용이 컸기 때문인지 르누아르의 〈피아노 치는 소녀들〉이라는 그림에 자꾸 눈이 간다. 어린 두 소녀가 책을 읽고 있는 모습이 그저 평화롭고 여유롭게 느껴진다. 하얀 얼굴과 붉은 뺨은 세상에 대한 호기심과 사랑스러움을 표현하고 있다. 진지하게 책에 몰두하고 있는 두 소녀들의 모습은 미디어의 발달로 책보는 시간이 줄고 있는 현실에서는 느낄 수 없는 천사와 같은 모습이다. 고민과 걱정이라고는 전혀 없어 보인다. 오직 순수함만을 화폭에 담아낸 듯 르누아르의 그림을 감상할 때면 마음이 눈처럼 사르르 녹는다.

이 세상 모든 아이들이 어른들의 잘못된 사고방식과 세상이 주는 압박으로 순수한 마음에 상처가 나지 않기를 바라는 내 마음을 표현해주는 듯하다. 그리고 아이들에게 꼭 말해주고 싶다. 세상의 모든 꽃들이 한꺼번에 피어나는 일은 없고, 같은 꽃일지라도 저마다 피는 시기가 다르다는 것을 말이다. 꽃들은 조용히 자신의 때를 묵묵히 기다렸다 피어난다. 절대 조바심 내지 않는다. 오히려 때를 모르고 핀 꽃은 환영받지 못한다. 때를 거스르지 않는 자연의 섭리가 인간에게 주는 또 하나의 가르침인 것이다. 꽃이 피는 시기가 모두 다르다는 것을 말이다.

나의 유년 시절처럼 아이들의 여린 마음이 상처받지 않았으면 좋겠다. 나는 지금에서야 꿈틀거리는 나를 발견했다. 내 안의 무엇인가를 발견하기 위해서는 나에게 노크해줄 수 있는 자극매체가 꼭 필요하다.

첫 번째로 중요한 것은 알아차림이다. 자극으로 인해 마음의 변화가 일어났다면 하고 싶은 것들이 생겨날 것이다. 그때 절대 무시하거나 미뤄서는 안 된다. 그리고 두 번째는 꼭 행동해야 한다는 것이다. 내가 하고 싶은 것과 되고 싶은 모습은 내가 가지고 있는 씨앗의 정보고, 싹이 움트는 소리다. 그 싹이 움트게 하기 위해서는 행동해야 한다. 백날 생각만 한다고 해서 싹을 틔울 수는 없다. 씨앗이 싹트지 않고는 꽃이 피지 않는다. 세 번째 중요한 것은 그 분야의 멘토나 스승을 찾아야 한다는 것이다. 나는 이 세 가지 방법으로 씨앗을 심고, 꾸준히 발아시켰다. 그래서 현재 잘 발아된 싹은 나만의 고유한 색깔과 향기를 품고 피어날 때를 기다리고 있는 중이다. 그리고 마땅히 때를 기다리며 실력을 쌓는 중이다. 사람마다 꽃피는 시기가 다르지만 노력에 따라서 그 시기는 조금 더 빨라질 수 있다.

나는 때를 기다리는 꽃처럼 지금 너무나 설레고 행복하다. 살면서 지금처럼 행복한 순간은 없었다. 많은 사람들과 함께 행복하고 싶은 마음이다. 이 세상에 나처럼 행복한 사람이 넘쳐나기를 바란다.

지금 알고 있는 걸 그때도 알았더라면

뭉크 作, <절규>

출처 : Artvee.com

오늘 날 패러디 작품으로도 유명한 뭉크(Edvard Munch)의 작품 〈절규〉다. 마치 호러 영화 〈스크림〉을 떠오르게 하는 이 작품은 무언가 호소하고 있는 듯하다. 알고 보니 뭉크는 어린 시절 어머니와 누나 소피를 폐렴으로 잃고, 이후 남동생 안드레아스마저 같은 병으로 잃었다고 한다. 그래서인지 어린 시절 경험한 가족의 죽음과 이로 인한 공포는 그의 전 생애에 걸쳐 작품의 주제가 되었다. 특히 〈절규〉는 뭉크의 내면적인 고통을 그린 것으로 그의 작품 중 가장 유명하다.

뭉크는 자신의 내면 세계와 잠재의식에 관한 관심이 많았다고 한다. 해골 같은 얼굴에는 공포에 찬 절규와 찢어지는 듯한 비명소리가 흘러나올 것 같다. 평생 죽음을 의식하며 살았을 뭉크의 삶이 안타깝다. 그러나 한편으로는 죽음이라는 비극을 겪지 않았더라면 뭉크가 지금처럼 화가로서 그 명성을 날리지 못했을지도 모른다. 그의 삶과 예술은 어쩌면 죽음을 먹고 자란 것일지도 모르기 때문이다.

나도 너무나 가까이에서 죽음을 경험한 적이 있다. 그때만 해도 죽음은 나에게 너무나 무서운 존재였다. 죽음도 죽음에 대해서 공부를 해야 조금은 두렵지 않다는 것을 지금은 안다. 하지만 그때는 정말 아무런 준비도 없이, 죽음이라는 것이 마치 초인종 누르듯 그냥 불쑥 찾아왔다. 갑자기 아무 이유도 없이 의미심장하게 웃으며 다가오는 흡혈귀에게 심장을 먹히듯, 그 순간 나는 아무런 대처도, 아무런 타협도 할 수 없었다. 소리칠 시간도, 공포를 느낄 시간조차 없었던 갑작스런 죽음을 대체할 단어란 이 세상에 존재하지 않았다. 내 의지와 상관없이 누군가 나의 생각 스위치와 음소거 버튼을 누른 듯 아무런 생각도 소리도 낼 수 없었다. 외부에서 들려오는 지시에 의해서만 움직일 수 있었다. 전화기 너머로 옷장을 열고, 검정 옷을 입으라는 지시가 들려왔다. 그리고 나는 주섬주섬 옷을 입었다. 다음은 사진을 준비하라는 지시에 냉장고에 붙어 있는 사진을 떼었다. 턱시도를 입고 환하게 웃고 있는 남편의 사진이 영정 사진으로 둔갑되는 순간이었다. 누군가 나에게 감각이 멈추는 버튼을 눌러주지 않았다면 혼자서는 도저히 할 수 없었던 일들이었다. 거의 모든 기관이 일시정지 상태였다. 슬픔을 표현할 수 있는 모든 기관이 멈춰버렸다. 나는 감정이 메마른 차가운 부속품이 되어 있었다. 그의 장례식에 초대된 사람들은 온몸을 이용해 슬픔을 표현하고 있었다. 나만 기계처럼 가만히 서 있을 뿐이었다. 포효하며 있는 힘을 다해 절규하는 그들이 부러웠다. 그렇게라도 표현할 수 있고, 슬프지만 그나마 온기를 나누는 그들이 부러웠다. 나는 스스로 기계가 되기를 자청함으로써 나를 지킬 수밖에 없었다. 아니, 정확히 말하면 슬픔을 표현하는 방법을 잘 알지 못했다. 지금 알고 있는 것을 그때는 알지 못했다.

장례를 치르고 얼마 후 보름달이 떴다. 보름달은 나에게 죽음의 상징이 되었다. 보름달은 달 중에서 가장 밝은 달로 환한 생명력을 보이다가 사라진다. 가장 환하게 빛나다가 사라진 그와 닮아서 보름달은 슬프다. 떠나기 전 가장 빛났던 그였다. 우리 두 사람은 아이들에 대한 사랑이 넘쳤고, 함께 육아서를 공부하며 가치관을 정립시켜나갔다. 특히, 둘째가 태어났을 때는 둘 다 너무 간절히 원했던 딸이라서 세상을 다 가진 듯 너무 행복했다. 아들과 딸을 무릎에 앉혀 과일을 먹이며 행복해 하는 게 그의 하루 일과였다. 딸이 태어날 수 있게 해준 자신한테 고마워하라며 입이 닳도록 말하며 얄밉게 굴기도 했다.

"세상이 이렇게 밝은 것은, 즐거운 노래로 가득 찬 것은 집집마다 어린 해가 자라고 있어서다. 그 해가 노래이기 때문이다. 어른들은 모를 거야 아이들이 해인 것을."

우리가 아이들에게 자주 들려주었던 〈아이들은〉이라는 동요다. 이 노래의 가사처럼 우리는 아이들로 인해 보름달이 최고조에 이르듯 행복을 누리고 있었다. 그토록 밝게 빛나던 보름달이 한순간 져버릴지도 모른 채, 촛불이 마지막에 화려하게 타오르고 꺼져가듯 말이다. 내 마음에 시커멓게 타버린 잿덩이만 남겨질 거란 것을 모른 채 그렇게 우리는 행복했다.

가면우울증이란 게 세상에 존재하는지도 몰랐을 때다. 가면우울증은 말 그대로 우울한 기분을 겉으로 드러내지 않으려고 가면을 쓰고 있는 우울증을 이야기한다. 보통의 우울증은 티가 나지만 가면우울증은 겉으로 봤을 때 타인이 눈치 채지 못할 만큼 우울 증상이 나타나지 않는다는 특징이 있다.

이 우울증은 전형적 우울증이나 비정형 우울증과는 달라서 우울함을 드러내지 않는다고 한다. 나는 누구에게도 의지하지 않았다. 그리고 나의 상태를 숨기기에 바빴다. 내가 괜찮아 보인다면 아무도 나를 방해하지 않고 귀찮게 굴지 않을 것만 같았다. 동정도 위로도 아무것도 필요하지 않았다. 겉으로는 내가 밝아보여서 잘 지내는 것 같다고 안심했을 것이다. 그렇게 생각해주면 나는 편했다.

공허감과 정신적인 위축감으로 주변에 거짓말을 하거나 둘러대어 사교적인 자리 또한 회피했다. 감정이 격해지고 때론 폭발할 것처럼 심장이 자주 두근거렸다. 잠자는 패턴도 남들과는 반대로 살았다. 외상 후 스트레스 장애의 뿌리는 세상이 안전하지 못하다는 인식에서 시작된다고 한다.

나도 사람들이 많고 활동량이 많은 낮에는 안전하지 못하다고 생각했다. 사람들은 저녁에 자고 아침에 일어났지만 우리는 아침에 자고 저녁에 일어났다. 아무도 없는 저녁 놀이터는 우리들의 아지트였다. 그렇게 우리는 매일 어둠 속에 있었지만 아이들의 천진함만은 무엇과 비교할 수 없이 밝게 빛났다. 하루하루 버티듯이 억지로라도 행복감을 느껴보려고 안간힘을 썼다. 그런대로 나는 괜찮다고 생각했다. 내가 힘들다는 것을 그때 왜 알지 못했을까.

어두운 동굴 속을 헤매다 제풀에 지쳐 쓰러지는 날도 많았다. 그때 감정은 기다렸다는 듯이 더 깊은 절망으로 나를 끌고 들어갔다.

더 나아가지도 그렇다고 돌아가지도 못하며, 그 자리에 주저앉지도 못하는 그야말로 이러지도 저러지도 못하는 그런 절망적인 순간들이 갑자기 찾아온다. 어둠 속 한 줄기 빛을 찾는다고 헤매다 보면 어느새 몸도 마음도 정신도 모두 피폐해진다. 그럴 때면 한꺼번에 몰려드는 부정적인 감정들을 차단하기 힘들다. 든든한 누구라도 옆에 있어주길 간절히 바라보지만 어린 영혼들만이 재잘될 뿐이었다.

그저 곁에 있어 마음 의지하는 일이 얼마나 든든하고 따뜻한 일이었는지, 함께했던 시간이 얼마나 큰 기쁨이었는지, 얼마나 소중하고 행복한 일이었는지 그때는 왜 알지 못했을까. 왜 더 사랑한다고 안아주지 못했을까. 너무나 아픈 후회만 남을 뿐. 늘 시간이 지나서야 그때를 제대로 바라볼 수 있는 게 인간의 어리석음인가 보다.

최근에 저자 신기율 선생님께서 주역에 나오는 '석과불식(碩果不食)'이라는 고사성어에 대해 이야기한 적이 있다. 석과불식에 쓰이는 한자는 클 석, 과실 과, 아닐 불, 먹을 식이다. 즉 석과는 큰 열매, 열매를 품고 있는 열매의 씨종자라고도 한다. 여기서 씨종자는 희망으로 해석된다. 씨종자는 끝까지 먹지 말아야 된다는 뜻으로 유능한 농부가 죽을 때 씨종자를 베고 죽는다는 말로 비유한다. 그만큼 아주 중요하다는 것이다.

이렇듯 우리 인간도 어렵고 힘들 때일수록 자신의 석과는 절대 버리지 말아야 한다. 나의 석과는 무엇이었을까. 과거에 내가 너무 잘한 것은 아무리 힘들어도 나의 석과를 버리지 않았다는 것이다.

나를 만들어낸 씨종자는 무엇이었을까. 그것은 바로 신기율 선생님께서도 그랬듯이 어려운 상황에서도 나의 존엄함을 잃지 않으려고 했던 것이다. 자존감은 바닥이었지만 나에 대한 사랑을 차마 버릴 수는 없었다. 그리고 또 하나는 내가 가지고 있는 재능이었다. 이런 석과마저 잃었다면 나는 봄이 찾아왔을 때 심을 씨앗이 없었을 것이다. 앞으로 만약 어떤 어려움이 찾아오더라도 이 마음만은 버리지 않을 것이다. 유능한 농부가 씨종자를 베고 죽었듯이, 아무리 힘들다고 해도 자신의 석과인 귀중한 씨종자를 버린다면 나중에 일어나고 싶어도 일어날 힘이 없다.

겨울의 입구에서 잎사귀를 전부 떨군 나목으로 서 있는 감나무는 비극의 표상처럼 보인다. 그러나 그 가지 끝에서 빛나는 빨간 감 한 개는 우리의 씨종자이자 희망의 상징이다. 빨간 희망 속의 씨가 이듬해 봄의 새싹이 되어 땅을 밟고 일어서 지금에 이르게 해주기 때문이다. 자연과 인간의 삶은 어찌 그리도 닮았는가.

지금 알고 있는 걸 그때도 알았더라면 더 괜찮았을까. 더 빨리 회복할 수 있었을까. 하지만 그때 알면 좋았을 지혜들을 만날 수 없었던 이유는 그때는 때가 되지 않았기 때문일 것이다. 세상 일에는 모두 때가 있듯이 지혜와의 만남도 받아들일 때가 따로 있다고 생각한다. 지금이나마 이렇게 깨달아서 그때의 힘들어했던 과거의 나를 만나 위로해줄 수 있는 건강한 내가 있어서 참 다행이다. 지금이라도 늦지 않았다. 나는 나를 위로하기에 충분하다.

"너 많이 힘들었지. 너는 지금 아파. 얼마나 힘드니. 아프면 아프다고 이야기해도 괜찮아. 혼자 힘들어하지 마. 네가 말을 하지 않으면 사람들은 몰라. 주변에 도와달라고 말해도 된단다."

나의 과거를 성찰할 수 있게 도와준 《당신은 아무 일 없던 사람보다 강합니다》에 쓰인 내용이다. 칼집 삼겹살이나 벌집 삼겹살이 부드럽고 맛있듯이 사람의 마음도 칼집이 났을 때 부드러워진다고 한다. 칼집을 달리 표현하면 밭갈이다. 마음이 힘들다면 봄이 되어 밭을 기경하는 것이고, 씨앗을 뿌릴 준비를 하기 위해 밭을 갈아엎는 거라고 생각한다. 좋은 일이 있으려고 내 마음을 갈아엎는 것이고, 마음에 칼집이 생기는 거라고 말이다. 좋은 일이 오려고 쇠망치로 나를 두드리는 거라고 생각한다.

그때는 알지 못했지만 나는 본능적으로 기꺼이 마음의 칼집을 견뎌내었고, 밭을 갈 수 있었다. 그리고 봄이 왔음을 직시하고 나의 존엄한 석과인 씨종자를 심는 데 성공했다.

나는 몰라서 멀리 돌아 여기까지 왔지만 내가 경험한 이야기를 통해 누군가는 귀중한 시간을 분명 아낄 수 있지 않을까. 언제든지 다시 일어설 수 있는 황금 열쇠는 바로 자신이 품고 있는 석과를 아는 것에서부터 출발한다. 그 석과를 부디 빨리 발견할 수 있기를 바란다.

- 3장 -

그림이
내게로 와
삶이 되다

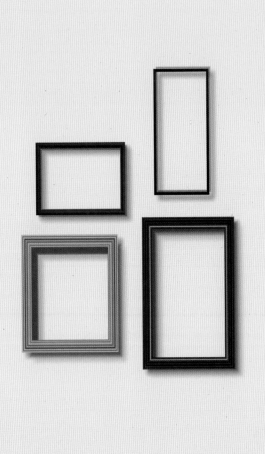

망각은 신이 인간에게 준 축복

아서 해커 作, <갇혀버린 봄>

출처 : 저자가 그린 모작

아서 해커(ArthurHacker)는 영국의 고전주의 화가다. 종교적인 장면과 초상화를 그리는 것으로 유명했다. 그의 예술은 스페인과 북아프리카에서 한 광범위한 여행의 영향을 받았다.

그의 작품 〈갇혀버린 봄〉은 창으로 들어오는 눈부신 햇살이 따뜻해 보인다. 창가에 놓인 샛노란색의 꽃은 발랄하고 보기만 해도 기분이 좋아진다. 딱 보더라도 봄이라는 느낌을 받을 수 있는 작품이다. 하지만 여인은 금방이라도 울음이 쏟아질 것 같은 표정이다. 그녀가 기다리는 것은 봄 손님이 아닌 다른 누군가인 듯하다. 이렇게 화창하고 좋은날 밖으로 나가지 못하는 그녀의 마음이 공감되는 그림이다. 노란 꽃은 애정과 그리움을 뜻한다고 한다. 누군가 간절하게 기다리는 마음을 표현한 것일까. 화사한 봄과 대비되는 자신의 어두운 마음을 집안에 스스로 가둬 벌을 주고 있다는 느낌이 든다. 가만히 쳐다보고 있으면 울고 싶어지는, 조용히 혼자만의 세계로 침잠하는 그런 그림이다. 너무 따스해서 불안하고 미묘한 감정의 엇갈림이 드러난다.

불안한 마음이 너무 크게 차지함과 동시에 부정적 감정까지 뒤엉켜버린다면 이 봄을 조금도 즐길 수 없다는 것을 잘 안다. 바깥의 풍경이 아름다울수록 마음은 더욱 서글퍼진다는 사실도 안다. 세상의 봄꽃은 새록새록 예쁘게 잘도 피어나는데 나의 삶은 서서히 시들어가는 느낌이랄까. 부정적 정서와 긍정의 정서가 치열하게 교차해나갔던 집중적 시기는 참 모순적이게도 햇살이 무척 아름다웠던 계절이었던 것 같다.

나에게는 그동안 적지 않은 시간이 흘렀다. 그때의 나를 가만히 들여다본다. 나는 늘 내편이 아니었고 내 마음 돌보기가 가장 어려웠다. 나는 너무 날카로우면서 취약했고, 감정의 과잉으로 참 많이 아팠다. 상실의 아픔이 몰려오고 있음을 부정하기 어려웠다. 영원할 것만 같던 장면 장면들이 어쩌다 봄눈처럼 순식간에 녹아 사라져버린 허무감에 울음을 가까스로 참는 날이 많았다. 하지만 날이 화창하면 화창할수록 아름다우면 아름다울수록 눈물이 흘러내렸다. 그럴수록 나는 내가 품고 있는 우주의 거대한, 결코 만져서는 안 되는 공허의 안쪽 면을 만지고 만다.

나는 엄마가 되고 진정한 어른이 되었다고 생각했다. 하지만 고통을 겪어보니 내가 얼마나 여리고 하찮은 인간이었는지 비로소 자각할 수 있었다. 어떻게 풀어야 하는지 방법조차 모른 채 발만 동동 구르는 어린아이와 별 다를 것 없는, 몸뚱이만 어른이 되어버렸다는 것을 인정할 수밖에 없었다. 그저 눈물을 참는 게 고통을 이겨내는 성숙한 방법이라고 생각했다. 눈물을 참다 보니 그게 습관이 되어 나는 지금 힘든 게 아니라고 나 스스로 속이는 것도 가능해졌다.

내 마음은 그렇게 방치되고 어느 날 완전히 고장나버렸을 때, 고통을 호소하는 방법은 그저 내게 살려달라고 외치는 무언의 울부짖음이 전부였다. 타인과의 감정 교류를 철저하게 차단한 채 스스로에게 너무 엄격했던 내게 문제가 있었다. 한숨조차 마음대로 쉴 수 없이 혼자 삭혔던 그날들은 참으로 미련하고도 질편한 시간들이었다. 모든 슬픔은 시간이 해결해준다는 그런 뻔한 말도 전혀 위로가 되지 못했을 때였다.

하지만 시간은 흐르고 흘러, 벌써 상실의 고통을 겪은 지 9년이라는 시간을 곧 채워가고 있다. 슬픔을 망각의 바다로 얼른 흘려보내고만 싶었던 간절했던 마음이 무색하게도 세월은 벌써 여기까지 흘러왔다. 내 품에서 한시도 떨어질 줄 몰랐던 11개월 둘째 딸아이가 지금은 엄마를 이겨먹는 열한 살 센 언니가 되어 있다. 아이들은 한 해, 한 해 눈에 띄게 성장하기 때문에 세월의 인식이 가능한데, 이미 겉으로는 성장이 끝나버린 나의 삶은 지금 어디쯤 놓여 있을까. 늘어난 흰머리와 늘어난 주름, 그리고 나의 현재 위치가 세월을 대신 말해주는 것일까.

참 많이도 애썼다. 괜찮은 척하느라 애썼고, 버텨내느라고 애썼다. 어떤 때는 밖으로 나오려는 화를 억지로 쑤셔넣었던 내 목구멍도 참 애썼다. 힘내라는 말을 억지로 이해시켜버린 내 머리도 참 애썼다. 진짜 어른이 되기 위해 혼자 끙끙 앓은 시간들도 참 애썼다. 그리고 억지로라도 힘내준 내 마음도 참 애썼다.

그토록 애써온 시간들 앞에서 나는 그 누구보다 당당하다. 지금은 과거의 그 몸부림의 시간들이 있었기에 현재의 내 모습이 존재한다고 생각한다. 미움과 원망, 증오라는 인내의 터널을 무사히 통과해 결국에는 용서와 감사라는 선물을 받았다. 감사를 통해 나를 바르게 사랑하는 법을 깨우쳤다. 스스로를 지나치게 채근하지 않고 내가 나임을 온전히 허락하는 법을 채득해 나갔다. 꾸준하게 자신이 좋아하는 일을 찾고, 긍정적으로 바라보는 일이야말로 진짜 내 모습을 찾을 수 있는 빠른 길이라고 생각한다. 이제는 나도 몰랐던 내 모습을 찬찬히 돌아보면서 더 나은 사람이 되기만을 바랄뿐이다.

시간이 해결해준다는 과거의 그런 무책임한 말들이 지금은 피부로 와닿는 현실이 되어버리다니 이걸 좋아해야 할지 말아야 할지는 모르겠다. 박완서 작가의 《모래알만 한 진실이라도》라는 책에는 "슬픔과 아픔도 시간이 해결해준다고 생각한다. 물론 그 모든 슬픔과 아픔이 먼지처럼 훨훨 날아가버리진 않지만, 어느 정도 채색되고 무뎌지고 조금 덜 아프게 하는 건 시간이라는 것의 마법인 것 같다. 망각은 신의 축복이라 말하는 것처럼 그 망각을 주는 시간은, 어쩌면 정말 우리가 아는 신의 다른 이름일지도 모르겠다"라는 문구가 있다.

박완서 작가는 아들을 먼저 하늘나라로 보내고 남편과의 사별이라는 아픔을 견디며, 슬픔을 글로 승화시켜나갔다. 그리고 평범한 일상의 여생들을 놓지 않고 따뜻한 눈으로 바라보았다. 사랑하는 손주들과 행복했던 나날들에 대한 글을 끝으로 더 이상 박완서 작가의 책은 그 후로 출간되지 못했다. 그 특유하고 따뜻하게 매료되는 문체의 글들이 그리울 때면 언제나 그분의 책을 펼치면 된다. 그러면 언제라도 내 마음으로 박완서 작가님이 소환된다.

내가 작가가 되고 싶었던 이유 중 하나는 아마 이런 경험을 해봤기 때문일 것이다. 언젠가 내가 아이들 곁을 떠날지라도 나의 글이 떠나지 않는 한 나라는 존재는 언제라도 아이들 마음에 소환될 것이다. 그리고 아이들에게 말을 걸어줄 것이다. 내 몸은 죽고 없을지 모르나 이 글은 죽지 않고 영원할 테니까. 그저 보이는 사진보다 영혼을 담은 글의 힘은 더욱 강력하리라고 믿는다.

책은 불멸하며 인간보다 몇 천 배나 생명력이 질길 것이다. 나는 더 많은 책을 써볼 계획이다. 한 권의 책의 존재가 없어질 만할 때쯤 다른 또 한 권이 나타나고, 또 없어질 때 쯤이면 또 다른 한 권이 눈앞에 나타나는 일이 반복되도록 하고 싶다. 나라는 사람 대신 이 불멸의 책들을 세상 여기저기 숨겨놓음으로써 내 아이들을 끝까지 올바르게 살도록 지켜낼 것이다. 내 아이들뿐만 아니라 미래의 손주들에게까지도 그리고 손주들의 손주들까지도. 책의 지혜는 분명 불멸할 테니까. 생각만 해도 행복하다. 내가 사랑하는 후손들을 위해 할 수 있는 일이 있다는 것이 말이다.

박완서 작가는 인간에게 망각이라는 축복이 없었다면 절대 행복해질 수 없었을 것이라고 말한다. 과거에 경험했던 모든 일을 잊지 못한다면 그 과거의 틀에서 벗어나 미래의 자신을 만나지 못할 것이기 때문이다. 내가 지금의 나를 만날 수 있었던 것은 망각이라는 고마운 신의 선물 덕뿐이다.

《마흔에 읽는 니체》에도 니체가 한 이런 말이 나온다. "머릿속에

잡생각이 계속해서 쌓이기만 한다면, 아마도 우리의 머리는 감정의 쓰레기 더미로 가득 차 터져버릴지도 모른다. 망각을 배우고 항상 과거에 매달려 있는 자신과 결별해야만 한다. 망각과 기억은 우리가 건강하고 좋은 삶을 살기 위해 꼭 필요한 도구이다. 건강한 삶을 위해서는 망각과 기억의 조화와 균형을 이루는 것이 중요하다."

니체의 이 말처럼, 까먹는 능력에 문제가 생기면 머릿속은 쓸데없는 생각들로 가득 차게 될 것이고, 결국 정신분열증이나 편집증에 시달릴 것이다. 새로운 것을 받아들이기 위한 의식에 빈자리를 마련해주는 게 행복지수가 높아진다고 한다. 그리고 "과거의 부정적인 감정들을 버릴 때 비로소 현재의 삶이 들어올 공간이 생긴다"는 말처럼 우리가 망각할 수 있기 때문에 과거의 기억으로부터 시달리지 않고 현재 이 순간을 행복하게 살아갈 수 있는 것이 아닐까.

어쩌면 내가 슬픔을 받아들이고 잘 살고 있는 이유는 망각이라는 개념과 보이지 않는 희망을 그리며 삶을 믿어보려는 긍정의 힘이 있었기 때문일 것이다. 긍정의 힘은 정말 대단하다. 긍정에 있어서 최고의 전도사가 되어 이 세상 한줄기 빛이 되기를 나는 소망한다.

흐르는 시간 속에 똑같은 것은 없다

요하네스 베르메르 作, <레이스 뜨는 여인>

출처 : 저자가 그린 모작

뭔가에 열중하는 모습은 경건하고 아름답다. 의욕적으로 한 땀, 한 땀 뜨는 여인의 손놀림을 보고 있노라면 참 행복하다. 여인의 표정에서 전혀 힘겨움을 찾아볼 수 없는 것을 보면 억지로 하는 일이 아니라는 것을 알 수 있다. 온전히 무언가에 몰입한다는 것은 고통스러운 상황에서 벗어나는 데 좋은 방법이 된다. 삶이 괴롭고 힘들더라도 끊임없이 시도하는 자만이 자신이 꿈꾸는 이상을 현실로 만들 수 있다.

독일의 시인이자 철학자인 니체(Friedrich Wilhelm Nietzsche)는 "인간은 극복되어야 할 그 무엇"이라고 말했다. 우리가 극복할지 아닐지는 선택이겠지만 니체의 말처럼 진정한 행복을 누리기 위해서는 죽기 전까지 끝없이 극복하고 성장하는 과정이 결국에는 인생이자 행복이 아닐까 생각된다. 지금 현실에 안주하는 사람은 무기력한 삶의 모습이 무한히 반복될 것이라 말하고 있다. 반대로 지금 이 순간에 더 높이 더 열정적으로 꿈꾸는 사람은 계속해서 상승하는 삶을 무한히 반복할 것이라고 말한다. 지금 이 순간 최선을 다한다면 자신의 운명을 결정할 수 있다. 사람은 무한한 가능성을 지닌 존재다. 잠재적 능력을 발휘하기 전에 미리 자기 자신의 한계를 설정해서는 안 된다.

《차라투스트라는 이렇게 말했다》에서 니체는 인간의 정신이 변화하는 세 가지에 대해서 말한다. 이 세 가지를 낙타, 사자, 그리고 어린아이에 비유했다. 니체는 어떻게 해서 정신이 낙타가 되고, 낙타가 사자가 되고, 사자가 마침내 아이로 발전하는지에 대한 과정을 설명한다.

첫 번째 동물은 낙타다. 낙타는 예의 바르고 착한 동물이다. 주인의 명령에 복종할 뿐만 아니라 무거운 짐을 짊어지고 사막을 묵묵히 걸어간다. 나 또한 이런 낙타의 정신을 가졌을 때가 있었다. 나 스스로가 삶은 견뎌야 할 고통이라 믿고 나의 세계를 사막으로 만들었다. 그저 견디는 것 말고는 아무것도 할 수 없었다. 많은 사람이 이 첫 번째 유형에 속할 것이다.

두 번째 단계의 동물은 사자다. 사자는 낙타처럼 굴복하지 않는다. 만일 낙타가 성공해서 사자가 되었다면 이제 더 이상 어떤 주인도 섬기려 하지 않을 것이다. 그리고 지금까지 자신이 짊어지고 있었던 무거운 짐을 부정하고 파괴할 것이다. 사자는 이제 그의 마지막 주인인 용과 싸워 승리함으로써 자유 의지의 주인이 된다. 사자 정신은 주관이 뚜렷해서 세상의 가치에 얽매이지 않고 자유로운 삶을 추구한다. 하지만 사자는 자신이 복종이라는 게 싫다는 것만을 알고 있었을 뿐 좋아하는 것에 대해서는 전혀 알고 있지 못했다. 마침내 용으로부터 싸워서 자유를 되찾아 왔다고 해도, 그것을 어떻게 써야 하는지 몰랐던 것이다. 즉, 기존의 복종이라는 가치를 파괴만 했을 뿐 새로운 가치는 창조하지 못했다.

이제 마지막 세 번째 정신인 어린아이의 정신을 소개한다. 니체는 사자 정신에서 아이의 정신으로 변해야만 한다고 말한다. 여기서 어린아이의 정신이란 자기 극복을 위한 최고의 경지에 이른 모습이라고 니체는 설명한다. 어린아이의 특징은 천진난만, 망각, 새로운 놀이, 스스로의 힘으로 굴러가는 수레바퀴, 최초의 운동이자 신성한 긍정이다. 아이는 으르렁대지 않는다. 그냥 웃을 뿐이다. 아이는 용을 보고도 웃음을 짓는다. 사자에게는 힘든 전투였을 테지만 아이에게는 재미있는 놀이가 된다. 아이는 자신의 욕망에 따라 굴러가는 바퀴인 것이다. 누가 시키지 않아도 스스로 놀이에 집중하는 순수한 아이의 모습에서 진정한 창조는 아이의 신성한 긍정이 필요하다고 설명한다. 바로 세 번째 어린아이 정신이 최고의 몰입 단계인 것이다.

이 세 번의 변화의 정신을 정리하면 복종 상태에서 자유인 상태로, 그다음에는 성스러운 긍정 상태로 발전했을 때 마침내 자기 자신을 극복하는 최고의 경지에 도달할 수 있다. 아이처럼 순진무구한 눈빛으로 세상을 바라보며 새롭게 창조하기 위해서는 지금까지 해왔던 것을 잊어버려야 한다. 익숙한 과거를 잊고, 낯선 곳으로 자신을 던질 때 인간의 창조력은 발견된다. 이것이 바로 니체가 제시한 인간만이 가진 망각할 수 있는 힘이다. 매번 새로운 마음으로 놀이를 시작하는 아이같이 처음으로 돌아갈 때 우리에게 새로운 길이 열릴 것이라고 니체는 말했다.

나는 이 세 단계의 마음가짐을 조금씩 통과한 것 같다. 견뎌내며 복종하는 낙타의 단계에서 변화를 위한 도약을 시작함으로써 사자의 단계를 거쳤다. 그리고 비로소 새로운 일을 시작하고 싶은 영혼의 속삭임이 들려오는 듯했다. 내가 좋아 하는 것들을 닥치는 대로 하기 시작했고 더욱 발전시켜나갔다.

나의 삶이 아무리 고난과 고통으로 가득했을지라도 내 삶을 아름답게 창조하기 위해 엄청난 노력을 했다. 나를 극복해나갈 수 있었던 결정적 요인은 바로 어린아이의 정신을 작동시켰던 것이다. 차라투스트라, 즉 니체가 이 세 가지 변신 이야기를 통해 가르치고 싶었던 것은 바로 긍정에 관한 것이다. 삶을 사랑하고, 삶을 긍정하라는 외침으로 받아들여야 한다.

나는 내 또래의 보통 친구들처럼 현실에 안주할 수 없었던 어쩔 수 없는 상황들이 지금은 참 고맙게 느껴진다. 그런 환경이 내게 주어지지 않았더라면 나는 아마도 현실에 안주해, 지금처럼 최고로 현명한 모습으로 발전할 수 없었을 것이다. 내 등에 짊어진 삶의 무게가 없었더라면 어떻게 하면 좀 더 가볍게 만들 것인지에 대한 고민도 하지 않았을 것이다. 온전한 내가 되기 위해 내 마음에 집중해서 귀를 기울이지도 않았을 것이다. 내 안에 잠들어 있는 거인을 깨울 수도 없었을 것이다. 힘든 과정이 없었다면 나의 가치가 얼마인지 몰랐을 것이다. 더는 꿈꾸지 않고 그대로 멈추어버렸을 것이다. 나의 행운의 별인 꿈과 목표 소망도 없었을 것이다. 내 안의 소망인 춤추는 별을 찾지 못한 채 불행했을 것이다. 춤추는 별을 발견하는 창조자가 되기 위해서는 먼저 우리의 마음이 혼돈 상태여야 한다. 새가 알에서 깨어나듯이 과거의 낡은 것들을 부수어야 한다.

　어제의 나와 오늘의 나, 10년 전의 나와 현재의 나는 같은 사람이 아니다. 최악의 적은 바로 자신 안에 잠자고 있는 부정적인 감정이다. 좌절 앞에서 무릎 꿇지 않고 현실에 안주하는 삶에서 벗어날 때 세상을 움직이는 힘을 가지게 될 것이다. 자신을 극복하려는 의지가 강해질수록 두려움과 포기가 휘두르는 무기에 강력하게 맞서 싸울 수 있다. 때가 되면 지금의 나와는 완전히 다른 사람이 된 나 자신을 발견하게 될 것이다.

　내 세대에서는 진정으로 자신이 원하는 꿈을 꿔볼 기회가 많이 주어지지 않았다. 가정에서도 학교에서도 직장에서도 이에 대해 배운 적이 없다. 대신 대학교 입학, 취업, 결혼, 출산, 육아 등 인생에 주어진 과업을 수행하느라 최선을 다했다. 우리는 삶의 주인이 아닌 노예로 삶을 살았을 가능성이 크다. 나 또한 인생의 전환점을 맞이하지 않았더라면 변화보다는 현실에 안주할 수밖에 없는 삶을 살았을 것이다.

　나는 아이들이 어릴 때는 꾸준히 독서를 했고, 아이들이 입학하고 나서부터는 그림을 다시 그리기 시작했다. 그리고 취미로 밸리댄스, 기타, 첼로, 우쿨렐레, 바이올린, 운동, 공예, 캘리그라피, 각종 공모전 활동, 취업, 대학원, 교사, 작가 등 많은 것을 배우고 시도했다. 이것들을 지금까지 전부 다 이어가고 있는 것은 아니다. 나와 맞지 않는 것을 제외시킨 나머지는 모두 이루었다. 부모가 되면 아이에게 들어가는 돈이 많기 때문에 막상 자신에게 투자할 여유 자금이 없다고 한다. 그렇기 때문에 내가 이런저런 것들을 배우면, 여유가 있어서 그런 거라고 오해를 받는다. 나는 아이들한테 투자하는 것보다 그 자금으로 나에게 투자를 하는 것뿐이다. 남들처럼 사교육도 시켜보았지만, 아이들이 원하지 않았기 때문에 과감히 그만두고 나에게 집중하기 시작한 것이다. 엄마인 나는 하고 싶은 게 너무 많은데 아이의 미래를 위한답시고 원하지도 않는 학원을 억지로 보내는 것은 아니라고 생각했기 때문이다. 대신 지금의 아이들의 공백은 나중의 꿈을 위한 저축이다. 나의 아이들이라 해도 그들의 소중한 시간을 내 마음대로 편성할 권리는 없다. 자신에게 주어진 시간을 능동적으로 사용하고, 자유를 만끽해봤던 실력으로 자신들의 꿈도 이뤄낼 수 있을 거라고 믿는다.

엄마인 자신에게 투자하는 것에 대해 죄책감을 느낀다면 부모 역할을 잘못 배운 것이다. 엄마인 내가 하고 싶은 것을 하면서 열정을 직접 보여주는 편이 오히려 아이들에게 훨씬 동기부여가 될 것이라고 나는 생각한다. 입만 열면 "공부해라"고 잔소리하는 대신 나 자신이 성장해가는 모습을 직접 보여주는 편이 낫다.

때가 되어 아이들이 자신이 하고 싶은 일을 찾아 스스로 선택하게 되었을 때 즐거움과 자부심을 갖게 되리라고 믿는다. 비록 현실적으로 아이들의 성적을 올리기 힘들 수는 있으나, 가장 중요한 인품의 형성에는 반드시 도움이 될 거라고 생각한다. "이런 사람이 되어라", "저런 사람이 되어라" 하고 시시콜콜 간섭하는 대신, 내가 먼저 일상생활에서 모범을 보이는 편이 훨씬 효과적일 것이다.

한때 공부를 잘했다고 인생이 꼭 잘 풀리는 게 아니라는 것을 살면서 경험했기 때문이다. 과거의 내가 하지 못했던 것을 아이에게 대신 짊어주려는 심리는 사랑하는 아이를 괴롭히는 일이다. 가장 나답게 살아가는 일이 가장 행복에 가까운 삶이라는 것을 알았다는 것만으로도 나는 아이들에게 가장 중요한 인생의 키를 선물했다고 생각한다. 아이도 자기답게, 엄마인 나도 나답게 살아가는 일이 가장 행복한 삶이라는 것을 알게 해주는 게 나의 소명이다. 흐르는 시간 속에 내가 어떻게 살아야 할지 아는 것만으로도 큰 축복이 아닐 수 없다.

헤르만헤세는 "자신을 향해 걷는 일이 가장 어렵다"고 말했다. 그럼에도 불구하고 이 어려운 일을 한 사람과 하지 않은 사람은 큰 차이를 보일 것이다. 남보다는 자신을 먼저 궁금해 하고, 다른 사람이 만들어놓은 결과를 대신 수행하는 삶이 아닌 자기가 원하는 삶을 스스로 수행하는 삶이 즐거우리라는 것은 분명하다.

내가 원하고 스스로 전략을 짜고 결과를 기대하는 삶보다 더 값지고 행복한 삶은 없었다. 나의 전략으로 인해 10년 전의 나와 지금의 나는 달라졌듯이, 지금의 나와 앞으로 10년 후의 나는 또 달

라져 있을 것이다. 내가 할 일은 단 한 번뿐인 이 삶을 진정으로 사
랑하고, 나답게 즐겁게 살아가는 것이다. 흐르는 시간 속에서 똑같
은 것이란 결코 없다. 흐르는 시간 속에 나는 절대 같을 리 없다.
시간의 매력은 비록 사람의 겉모습을 늙게 하나, 속은 날마다 새롭
게 만들어주는 데 있다. 나는 그런 시간을 사랑한다.

행복은 먼 곳에 있지 않다

폴 고갱 作, <우리는 어디서 왔는가? 우리는 누구인가?
우리는 어디로 가는가?>의 일부 그림

출처 : Artvee.com

예전에 감명 깊게 읽은 사향노루의 이야기가 있다. 어느날 코끝에 느껴지는 향기에 매혹된 사향노루는 그 향기가 자신의 몸에서 난다는 사실을 미처 알지 못하고 그 향기의 원천을 찾아 온 세상을 쏘다녔지만 찾을 수 없었다.

하루는 높은 절벽으로 올라가 아래를 내려다보았는데 절벽 어디선가 향기가 계속 나는 것 같았고, 향기의 원천을 따라 그만 절벽 아래로 힘껏 뛰어내리고 말았단다. 처참하게 부서진 사향노루의 몸에서 짙은 사향 향기가 피어올랐다는 이야기다.

사향노루의 비극은 자기를 매혹시키는 향기가 자신의 내부에서 나온다는 사실을 알지 못한 데서부터 시작된 것이다. 사향노루가 자기 몸에서 향기가 난다는 사실을 알았다면, 자신을 얼마나 사랑하고 소중히 여기게 되었을까. 자신을 더욱 가치 있게 생각했을 것이고, 감사하는 마음으로 세상을 살았을 것이다. 사향노루 이야기를 통해 나 자신을 바로 볼 수 있는 눈이 굉장히 중요하다는 것을 깨닫는다. 이와 비슷한, 행복에 관한 고찰을 다룬 파랑새 이야기도 있다.

벨기에의 작가 마테를링크(Maurice Maeterlinck)가 쓴 〈파랑새〉라는 유명한 작품은 '행복'은 우리 가까이 있다는 것을 알려준다. 행복이란 이름의 파랑새를 찾아 떠나는 틸틸과 미틸의 환상적인 모험의 이야기를 다룬 이 작품은 어느 날, 가난한 나무꾼 아버지를 둔 어린 남매가 꿈을 꾸는데, 요정 할머니가 찾아와 병든 자신의 딸을 살리기 위해 '파랑새'를 찾아달라고 부탁하는 것으로 이야기가 시작된다. 남매는 할머니의 딸을 살리기 위한 파랑새를 찾기 위해서 꿈의 세계로 떠난다. 남매는 돌아가신 할머니, 할아버지가 사는 추억의 나라도 가고, 밤의 궁전, 행복의 나라, 미래의 동생이 사는 미래의 나라 등을 찾아가며, 파랑새를 찾으려고 애쓴다. 파랑새를 발견하기도 하지만 파랑새가 죽어 있거나 색이 변해있거나 날아가버린다. 그리고 남매는 꿈에서 깨어난다. 그리고 문득 자기들의 머리맡에 있는 새장을 보게 되고, 그곳에 그토록 찾았던 파랑새가 있었다. 그리고 그들은 말한다. "우리가 그렇게 찾았던 행복은 멀리 있지 않아. 어쩌면 행복은 우리 가까이에 있는지도 몰라."

이야기 속 파랑새는 '행복'을 상징하는데, 이렇듯 행복은 늘 우리 가까이에 머물러 있기 마련이다. 내 발밑에 있을 수도 있는데 마냥 먼 곳만 쳐다보니 발견하기 어려운 것이다.

도스토옙스키(Dostoevskii)는 "사람은 자기가 행복하다는 것을 알지 못하기 때문에 불행한 것이다"라고 말했다. 법륜스님의 말에 따르면 행복이란, 불행하지 않은 것이라고 했다. 이처럼 행복은 한마디로 딱 정의할 수 있는 정답은 없지만, 모든 행복의 공통된 요소 중 하나는 감사하는 마음인 것 같다. 우리는 보통 행복하다고 하면 생각만 해도 기쁘고 기대가 되는 모습을 그린다. 사람들은 저마다 행복을 가져다줄 수 있는 것들을 찾아 하루하루 바삐 움직인다. 하지만 행복이 내 가까이에 있다는 것을 알지 못한다면 인생의 시간을 낭비하게 될 것이다. 정작 찾아 헤매던 것이 대부분 자기 안에 있는데도 알아보지 못한다.

우리는 사향노루를 생각하면서 자기 자신을 찾아야 한다. 자기를 바로 보고 제대로 아는 일이 얼마나 중요한 것인지 사향노루를 통해 알 수 있기 때문이다. 그리고 파랑새 이야기처럼 우리는 행복 또한 찾아야 한다. 그렇다면 나를 찾는다는 것은 어떤 의미이며, 나에게 행복은 무엇일까. 나를 찾는다는 것은 나답게 사는 것이 아닐까 생각한다. 즉, 나답게 산다는 것은 나 자신을 발견하기 위한 행동을 취하고, 다양한 모습의 나를 인정한 후 마음이 이끄는 일을 해야 한다는 것이다. 모든 답은 내 안에 있다. 나를 바로 보기 위해서는 남에게 물어봐서는 안 된다. 모든 진리는 자기 속에 있기에, 만약 자기 밖에서 진리를 구한다면 이는 바다 밖에서 물을 구하는 것과 같다. 사향노루가 자기를 바로 보고 자기를 발견할 수 있었다면 향기의 원천을 찾겠다는 허황된 욕심을 버리고 자기 삶을 사랑하고 진정한 주인이 될 수 있었을 것이다.

나도 나에 대한 끊임없는 질문을 스스로 던지려 노력하고 있다. 그러기 위해서는 먼저 나를 사랑하고 존중하는 일이 먼저다. 나를 가꾸고 좋은 음식을 먹고 좋은 옷을 입는 것은 표면적인 사랑일 뿐 나를 진짜 사랑하는 능력은 바로 꿈을 갖는 것이다. 내가 새로운 꿈을 꾸는 이유는 지금보다 더 나은 내가 되고 싶고 더 가치 있는 나로 살고 싶기 때문이다. 나에게 많은 기회를 주고 나에게 충실하며 스스로 배려하는 것이 나를 사랑하는 방법이다. 그리고 배움을 멈추지 않는 일이다. 공부하면 아는 것이 많아지기도 하지만, 반대로 모르는 것 또한 더욱 많아지기도 한다. 아는 게 많아지면 하고 싶은 게 늘어난다. 나의 꿈을 향해 쏟는 시간과 노력도 많아진다. 이런 나를 보며 사람들은 열정적이라고 말한다. 나는 열정도 재능이고, 실력이라고 생각한다. 나에게 꿈과 열정은 고통스러운 내 삶을 극복할 수 있는 강력한 수단이 되었기 때문이다. 열정을 잃지만 않는다면 그 어떤 장애물에도 쉽게 무너지지 않을 것이다. 나에게 열정이란 선물을 준 고난에게 참 감사하다. 열정이란 선물을 가지고 도전하고, 간절히 원하고, 행동한다면 소망을 이루어나가는 재미를 느낄 수 있을 것이다.

"간절히 원하면 영감이 눈앞에 펼쳐진다."

"예술가의 삶은 기나긴 고난의 길이다! 우리를 살게 만드는 것도 바로 그런 길을 지나 정열은 생명의 원천이고, 더 이상 정열이 솟아나지 않을 때 우리는 죽게 될 것이다. 가시덤불이 가득한 길로 떠나자. 그 길은 야생의 시를 간직하고 있다."

폴 고갱의 말이다. 예술과 정열을 위해서라면 고난까지도 자처했던 그는 타히티에서 원주민들과 함께 생활하며 '원시와 야생'을 간직한 야만인이 되기를 간절히 원했다고 한다. 그의 마지막 작품인 〈우리는 어디서 왔는가? 우리는 무엇인가? 우리는 어디로 가는

가?〉라는 긴 제목의 작품을 통해 고갱은 삶의 본질과 의미에 대해 근본적인 질문을 던졌다. 그동안의 자신의 삶을 농축해 예술로 표현한 작품인 듯 장대함을 담고 있는 듯하다.

제목에서도 알 수 있듯이 그는 이 작품에 인간의 모든 삶을 전부 담으려고 했음을 알 수 있다. 그림 속의 상징하는 바는 모두 고갱의 상상력으로 그렸기 때문에 누구에게도 자세한 설명은 남기지 않았다고 한다. 단 한 번, 명멸하는 삶 속에서 우리는 무엇을 위해 어떤 행위를 할 것인가. 그 행위 속에 진짜 내가 있는가. 그 행위를 하는 것 자체가 진짜 나를 발견하고 완성하는 것인가. 그는 자신의 삶과 작품으로 끊임없이 물음을 던졌던 것이 아닐까.

고갱은 나이 서른이 넘어 10년 경력의 잘나가던 증권 거래소 직원을 그만두고 전업 화가의 길로 나섰다. 화가가 된 고갱의 삶은 고난의 연속이었지만, 그는 망설이거나 주춤하지 않았다. 오히려 자신의 야성을 극도로 끌어내며 나중에는 유럽 미술 회화에 있어 지대한 영향을 미치게 되었다.

〈우리는 어디서 왔는가? 우리는 무엇인가? 우리는 어디로 가는가?〉라는 제목의 세 가지 질문에서 우리가 살면서 가장 먼저 생각해야 할 질문의 근원은 '우리는 누구인가'일 것이다. 삶의 모든 문제는 진정한 '나'를 모르기 때문에 생긴다. 그동안 삶에서 일어난 고통이나 불행은 결국 자기를 바로 보지 않은 탓이다. '나는 누구인가?'라는 의문이 해결되지 않는다면 삶에서 발생하는 모든 문제를 풀 수 없을 것이다. 따라서 우리가 가장 먼저 해결해야 하는 일은 진정한 나를 알고 발견하는 일이다. 자신을 발견해야만 인생의 주인이 되어 주체적인 삶을 살 수 있다. 만일 그런 눈이 없다면 충실하게 자기 성장의 길을 모색하지 못함으로써 결국 자기 자신이 없는 삶을 살게 된다.

인간은 자기 자신을 궁금해 할 때 가장 강력한 힘이 나온다. 삶이 괴롭고 힘들수록 나에 대한 끊임없는 공부를 해야 한다. 끊임없이 시도하는 자만이 결국 꿈꾸는 이상을 현실로 만들 수 있다. 나 자신이 무엇을 원하는지 질문하고, 내 안에서 답을 찾아가는 시도의 과정에서 행복은 저절로 따라오게 될 것이다. 행복은 절대 먼 곳에 있지 않다. 이미 내 안에 존재한다.

나는 보기 위해 눈을 감는다

드가 作, <무대에서>

〈무대에서〉는 발레의 아름다운 매력을 한껏 느낄 수 있는 드가(Edgar Degas)의 대표작이다. 그 일부인 이 그림을 보면 온 몸의 무게가 발끝에 실려 지탱되는 멋진 공연을 위해 부단한 노력이 무대 뒤에서 이뤄진다. 드가의 시선으로 그려진 무용수들은 아름답다. 하지만 무대 뒤 무용수들의 모습은 지극히 현실적이다. 쉽지 않은 현실에 맞서 고군분투하는 우리의 모습이 투영되기도 한다. 살아가야하니 하루하루 보낸다지만 녹록치 않은 삶에 가끔 누군가는 우리의 노력을 알아주길 바랄 때도 있다.

나는 사람들에게 유난히 밝다는 말을 많이 듣는다. 원래 성향이 늘 긍정적이고 밝았기 때문에 밝은 표정은 그냥 습관이 되어버렸다. 슬픈 일을 겪었다고 해도 평생의 습관은 바뀌지 않았다. 다만 힘들어도 힘든 티를 내지 않으려고 안간힘을 쓰고 살았다. 마치 무대 위 무용수의 삶과 나의 모습이 중첩되어 보인다.

특히, 부모님을 만날 때면 잘 먹고 늘 밝게 웃었다. 힘든 모습을 보여드리는 것은 부모님을 더욱 슬프게 만든다고 생각했기 때문이다. 나는 어설프게 착한 병을 가지고 있다는 사실을 알게 되었다. 이런 어설픈 유형의 사람들이 마음의 병을 쉽게 앓는다는 말에 나는 동의한다. 겉으로는 밝게 행동하고, 호응도 잘하고, 편안해 보이려고 노력하지만 늘 눈치를 본다. 나에 의해서 누군가가 불편하지는 않을까 늘 신경 쓰고 분위기를 살피기 바쁘다. 비단 나만의 이야기는 아닐 것이다.

김창옥 강사님의 강연 중 인상 깊은 대목이 있다. 어느 날 그는 발레단을 연결하는 프로젝트를 진행하다가 발레리나 30여 명이 군무를 연습하고 있는 모습을 직접 목격했다고 한다. 그리고 그 모습을 보고 우리 모두의 삶이 마치 무용수 같다는 생각을 했다고 한다.

무대 정면을 향할 때는 밝은 표정을 유지하지만 뒤로 돌아서는 순간 표정은 곧 일그러지곤 하기 때문이다. 그럴 때마다 단장은 "힘든 티 내지 마"라고 주문한다. 동작에 대해 지적하기보다는 주로 표정을 밝게 하라는 단장의 요구사항이 많았다고 한다. 단장은 발레리나에게 가장 중요한 것은 신체 조건보다 표정이라고 강조했다.

발레리나도 그렇지만 우리의 삶도 사는 게 참 힘들다는 생각이 든다. 누가 요구하는 경우는 없었지만 나도 힘든 티를 내지 않으려고 하는 편이다. 대신 늘 뒤에서 혼자 괴로워하는 편을 택한다. 그래서 김창옥 강사님의 강연을 매일 광적으로 들으면서 간접적인 위로를 받았다. 중요한 것은 나같이 소심하고 예민한 성향을 가진 어설프게 착한 사람들은 각자에게 맞는 마음에 좋은 것을 반드시 정기적으로 섭취해야 한다는 것이다.

예를 들어 깨끗한 물에 검은색 잉크를 떨어뜨린다고 가정했을 때, 금세 물은 검은 물이 되고 만다. 그렇다면 다시 깨끗한 물로 바꿀 수 있는 방법은 무엇이 있을까? 그것은 바로 깨끗한 물을 계속 부어서 희석시키는 것이다. 사람은 겸허한 마음으로 죽을 때까지 깨끗한 물을 자신에게 부어야 하는데, 깨끗한 물이 상징하는 바는 종교, 책, 강연 등 자신에게 맞는 유익한 매체들이라는 것이다. 깨끗한 물, 즉 정기적으로 자신만의 깊은 산속에 자리한 옹달샘을 찾아가라고 강조한다. 그리고 그 옹달샘을 사람들과 함께 나누며, 어떤 식으로든 나에게 맞고 표출할 수 있는 자신만의 창구를 마련하라고 소개한다.

나에게는 좋은 강연, 책, 그림, 글쓰기가 나만의 옹달샘이었다. 정말 힘든 시기도 있었지만 정기적으로 꾸준히 내 마음에 깨끗한 물을 부어줬더니 정말로 고통이 희석되어감을 느꼈다. 나는 어린 시절 한창 예쁨 받아야 할 때 그러지 못했고, 내 존재를 깎아내리는 말을 자주 들으며 성장해야 했다. 그리고 가정에서의 분위기가 썩 좋은 편이 아니었기 때문에 응석부리는 것을 잘하지 못했다. 그렇게 성장해버린 내 모습을 변화시키기 위해 정말 혼자 죽기 살기로 노력했던 것 같다. 마치 평생을 무대 위에서 환하게 웃고 있는 발레리나처럼 말이다.

밝아 보이는 사람 뒤에는 검은색 커튼이 있다. 그가 밝은 게 아니라, 등 뒤에 커튼이 있어서 그가 밝아 보이는 것이라는 어느 이태리 희극 배우의 말처럼 나는 과거로부터 온 어두움이 싫어서 늘 밝아지고 싶었다. 그럼에도 불구하고 내가 유독 밝아 보였던 까닭은 희극배우의 말처럼 아마도 내 뒤에는 검은색 커튼이 있었기 때문일 것이다.

나는 결심한다. 더 이상 상처를 상처로 바라보지 않고, 도리어 이런 문제점을 극복함으로써 나의 존재를 더욱 가치 있게 만들기로 말이다.

"상처에 의해 정신이 성장하고 힘이 솟는다."

니체가 투쟁하는 자로서 자신의 좌우명으로 삼은 문구다. 강한 사람은 상처받지 않는 사람이 아니라, 나처럼 상처에서 생겨난 힘을 가진 사람이다. 우리는 누구나 자기만의 아픔이 있고 슬픔이 있다. 나의 결핍을 안은 채 나의 반쪽마저 떠나보내고 내 삶을 오로지 혼자 살아가야 했을 때가 나의 인생에서 맞닥뜨렸던 가장 어려운 시험이었다. 사랑했던 사람이 더는 물리적으로 곁에 없다는 사실은 사람을 멍하게 하고, 꽤나 긴 시간 동안 우울함과 슬픔에 빠지게 만든다. 나는 어떻게 슬픔을 극복했을까.

상실로 인한 나의 슬픔을 들어주고 공유해줄 사람과 어떤 일이 일어났는지 이야기하고, 감정을 나눌 공간도 없었다. 아마 나를 지원해주는 사람들마저 내가 밀어냈을지 모른다. 슬픈 감정을 억지로 억누르면서 더욱 고립되어갔을 것이다. 배우자의 죽음은 너무나도 고통스러워서 삶을 계속 살아갈 의지마저 꺾어놓았지만, 눈앞의 현실은 계속 진행되고 있었다. 나를 필요로 하는 사람들도 여전히 있었다. 비록 그 사람은 없지만 남겨진 나는 어떻게 해서든 행복해져야 한다는 일말의 책임감을 느꼈다.

나는 그때부터 독서와 강연, 그리고 한참 후에 그림을 다시 그리기 시작했다. 그렇게 서서히 안정을 찾으면서 글을 써야겠다는 생각도 했다. 가족들이나 친한 친구들에게 한 번도 나의 슬픔에 대해 보여준 적이 없지만 나의 이 감정마저 잊히는 것이 두려워질 때쯤 글을 조금씩 써보기로 마음먹었다. 글을 쓸 때면 슬펐던 감정과 그리고 행복했던 기억들이 차츰 떠오르기 시작했다. 아이들에게 화를 내서 마음이 무겁거나 삶의 무게가 버겁다고 느껴질 때 슬픔을 꺼내 다시 묻어버리는 심정으로 썼다. 오직 나만 볼 수 있는 공간에 꽁꽁 숨겨두고 슬픔은 차곡차곡 고이 접어 뒤돌아 다시금 뚜벅뚜벅 걸어나왔다. 이렇게 아픔을 글로 쓰는 것은 상상도 하지 못했고, 남들의 시선이 부담스러워 그럴 용기조차 없었다. 슬픔을 털어놓을 만한 자존감과 솔직함이 내게는 없었다.

　그런데 어느 날 이런 글을 발견했다. "노출은 아무나 할 수 없다. 노출할 수 있다면, '성숙'을 이룰 수 있다. 삶이 노출되면 더 긴장하기 때문이다. 그 '긴장감'이 '성숙함'에 이르게 한다. 삶을 감추기만 하면, 삶이 희미해지게 된다. 변화의 첫 발은 나를 노출하는 것이다."

　나는 정말 달라지고 싶었다. 내 삶이 노출되는 순간 상처가 저리도록 아플 거라고 생각했다. 하지만 내 삶을 바꿀 수 있는 단 사람은 오직 나뿐이라는 것을 잘 알고 있었다. 용기를 내자. 지금까지 살아낸 실력만으로도 나는 충분하다.

마음의 두려움과 아픔은 일시적인 고약이다. 고약이란 한약 제형의 하나로 피부의 염증 등을 치료하기 위한 것이다. 피부 표면을 불로 살짝 지져 붙이는 약이다. 과거에 할머니가 자주 이용해서 잘 알고 있다. 붙일 당시 고통은 잠시지만 시간이 지나면 주변에 고여 있던 염증들이 고약에 전부 달라붙어 나중에는 고약과 함께 시원하게 떨어져 나간다.

이와 같은 원리로 상처 난 마음에 용기라는 고약을 붙여 나에 대한 애정이란 열을 가해 마음의 상처를 완전히 뽑아낼 수 있을 것이라고 믿었다. 내가 용기 내어 쓴 이야기가 세상에 공개되어 따뜻한 위로가 되어줄 것임을 믿었다. 결국 '노출'이 '치유'임을 깨달았다. 나의 상처를 노출한다는 것은 발가벗는 것을 의미한다. 남에게 나의 모습을 보여준다는 것은 용기 있는 자만이 할 수 있다. 그 용기 자체가 이미 능력이기 때문이다. 자기 아픔을 드러내는 일은 그 누군가에게 내 품을 미리 내어주는 일이다. 내 아픔의 고백이 비슷한 슬픔을 겪는 사람들에게 그것을 이겨낼 수 있는 백신이 될 수 있을 것이다.

나에게 찾아온 삶의 어둠은 마음의 빛을 밝히는 도구가 되어주었다. 누구에게나 갑자기 삶에 어둠이 찾아올 때가 반드시 있다. 정전이 된 순간은 우리 눈에 아무것도 보이지 않는다. 그럴 때는 행동을 잠시 멈추고 눈을 감아보자. 내가 눈을 감았던 때는 오직 아이들과 나만의 세계에서 동행했던 유일하고도 고요한 시간들이었다.

그렇게 어둠에 익숙해짐으로써 사물들이 조금씩 보이기 시작했던 것 같다. 내가 당장 무엇을 해야 할지 조금씩 알게 되었다.

보이지 않는 것을 마음으로 보려 노력했던 시간의 경력을 쌓은 나는 누구보다 강하다. 나에게 글쓰기란 눈을 감고 거룩한 것을 보기 위한 행위다. 오직 마음으로 보기 위해 나는 오늘도 눈을 감아본다.

나의 삶은 모든 것이 기적이다

렘브란트 作, <갈릴리호수의 폭풍>

출처 : 저자가 그린 모작

네덜란드의 화가 렘브란트(Rembrandt Harmenszoon van Rijn)의 〈갈릴리호수의 폭풍〉은 성경의 한 일화를 표현한 그림이다. 예수가 열두 제자와 함께 거대한 호수를 건너기로 하는데, 예수가 잠이 들었다. 이윽고 폭풍이 몰아쳐 돛이 찢어지고 배가 뒤집힐 처지에 놓였다.

절박한 제자들은 예수를 깨워 살려달라고 했고, 예수의 말에 폭풍은 잠잠해졌다. 이윽고 예수는 제자들에게 "너희 믿음은 어디에 있느냐?"라고 물었다.

이 그림은 한계에 부딪히는 우리의 내면을 섬세한 비유로 표현하고 있는 듯하다. 이들은 당장의 고난 앞에 싸우느라 여념이 없다. 피할 수 없는 일에 어떻게든 대처하며 노력하는 우리의 모습과도 비슷하다. 우리의 한계를 시험하는 일이 닥치면 우리는 일단 물불 안 가리고 몸부림 치고 부딪힌다. 그림을 보면 배의 앞쪽의 긴박한 분위기와는 달리 뒤쪽에서는 몇몇 사람들이 이야기를 나누는 듯하다. 그 와중에 배 멀미를 하는 사람, 두려움에 떨고 있는 사람, 마음을 비운 사람, 배의 방향을 잡기 위해 끙끙대는 사람 등 다양한 반응이 보인다.

하지만 어둠 가운데 예수는 흔들림 없는 눈빛으로 두려움에 떨고 있는 제자들을 바라보고 있다. 다행히도 예수가 바라보는 쪽의 왼편 하늘에는 구름이 걷히고 날씨가 맑아지고 있다. 작품은 혼란 속에서도 믿음과 구원을 찾으려 하는 우리의 내면을 빛과 어둠, 혼돈과 고요를 통해 보여주고 싶어 하는 듯하다. 이와 같이 우리의 삶은 마치 항해하는 배처럼 흘러간다. 항해하는 우리 인생에서 어떤 날은 햇살이 따뜻하고 잔잔하기도 하지만 바람이 불고 강한 풍랑이 일기도 한다. 바다가 잔잔할 때는 모두의 행복수준에는 별로 차이가 없어 보인다. 하지만 삶의 풍랑을 만났을 때 그때 인간은 멀미를 하는 사람과 멀미를 하지 않는 사람으로 나뉜다. 조금만 흔들려도 멀미를 하는 사람은 온갖 식은땀을 흘리며 괴로워하고 마치 죽을 것같이 바닥에 널브러져 있을 수 밖에 없다.

그 후 배가 잔잔해지면 회복 하는 데 시간을 쏟고 애써 회복하자마자 또다시 풍랑이 일어난다면 그야말로 삶은 정말 고통스러울 것이다. 우리가 태어나 이왕 배를 타고 항해를 해야 하는 삶을 살아야 한다면 어떤 풍랑이 와도 멀미를 하지 않는 우리의 마음 체력을 기르는 데 힘을 쏟아야 한다. 살면서 힘들지 않게 항해를 잘하는 힘을 지향해야 하는데, 그 힘은 자존감이다. 자존감이 높은 사람은 배가 뒤집어질 것 같아도 멀미를 하지 않는다. 거친 풍랑이 마냥 기뻐할 일은 아니지만 최소한 멀미를 하지 않는다면 의연하게 버틸 수는 있다. 즉, 자존감 있는 삶은 멀미하지 않는 이의 뱃놀이 같다고 할 수 있다.

나는 과거에 그리고 얼마 전까지만 해도 자존감이 굉장히 낮은 사람이었다. 자존감은 어린 시절 양육 환경에 의해 형성된다고 심리학에서는 정의하고 있다. 나는 양육 환경에서 그다지 긍정적인 영향을 받지 못하고 자랐다. 부모님이 나를 사랑하지 않아서 부정적 영향을 주었다고는 절대 생각하지 않는다. 우리 부모님은 자식들을 너무나 사랑하셨다. 하지만 겉으로 표현하지 못하고 자식들이 염려되고 걱정되는 마음에 자주 쓴소리를 하셨다. 그 쓴소리가 나에게는 치명적이었다. 부모님은 자식들을 먹이고, 키우고, 가르치기 위해 몸을 사리지 않고 묵묵히 소처럼 성실하게 일했다. 정말 부모로서 최선을 다했다. 하지만 자식들의 가장 중요한 정서는 살피지 못했던 것 같다. 나의 낮은 자존감의 원인은 정서의 허기였다.

부모님 두 분은 평생 일을 했고 장사가 끝나고 집에 돌아오면 녹초가 되어 차마 자식들의 정서까지 살필 수는 없었을 것이다. 그리고 그때 시절의 부모들은 그럴 수밖에 없는 시절을 살 수 밖에 없었다는 것도 지금은 다 이해한다.

부모님은 너무 자주 다투셨다. 부모님이 다투는 것을 목격하는 아이 입장에서는 자신이 부모에게 거부당했다는 느낌으로 강력한 위협을 받는다고 한다. 그래서 공포와 두려움을 자주 느꼈다. 집안 분위기는 늘 회색빛으로 어두웠고, 나는 늘 눈치를 보았다. 물론 웃음이 있었던 날도 있었겠지만 싸늘한 분위기가 또 언제 찾아올지 모른다는 불안감이 컸다. 그래서 매일 눈치를 보게 되고 자주 우울해졌다. 부모님도 삶에 찌들리다 보니 늘 표정이 없었다. 부모님의 다툼으로 나의 베개가 흥건하게 젖도록 몰래 눈물도 많이 흘렸다. 그렇게 혼자 참고 억누르며 자라다 보니 슬프면 슬프다는 말을 하지 못했고, 아프면 아프다는 말을 잘 하지 못했다.

눈물이 수치스러웠고, 아픔을 표현하는 게 창피했다. 아픔을 참는 게 자존감과 과연 상관 있는 건지는 모르겠지만, 감정 표현을 잘하지 못한다는 것은 낮은 자존감 때문인 게 확실했다.

나는 변하고 싶었다. 자존감의 재형성은 가능할까? 자존감을 일으켜 세울 수 있을까? 갑자기는 힘들겠지만, 불가능하지는 않았다.

자존감의 형성에는 세 가지 요소가 영향을 끼치는데, 환경, 유전, 자기의지라고 한다. 나 같은 경우에는 환경도 그렇지만 취약한 유전자를 타고났다. 유전자적으로 타고난 자존감의 대표적 캐릭터는 내가 너무 좋아하는 캔디와 빨강머리 앤이 있다. 내가 아는 이 두 캐릭터는 어떠한 취약한 환경에서도 절대 굴복하는 일이 없다. 타고나기도 했지만 자기의지도 참 훌륭한, 나에게는 최고의 긍정 캐릭터다.

그렇다면 환경, 유전, 의지 전부 취약했던 내가 어떻게 해서 자존감을 키울 수 있었을까. 그 답은 바로 폭풍 같은 환경의 변화였다. 그리고 이전과는 다른 사람이 되고자 했던 나의 강한 열망과 의지였다. 앞에서 말했던 책과 좋은 영상, 그림 이외에 내가 좋아하는 행위들은 나의 자존감에 맑은 산소를 공급해주는 삶의 호흡기와도 같았다. 지금은 물론 호흡기를 제거해도 혼자 아주 건강하게 숨을 쉴 수 있을 정도로 건강해졌고, 노력은 여전히 진행 중이다.

나는 나의 자아를 너무 사랑하게 되었다. 모든 슬픔과 좌절을 함께 나누었고, 독려했으며 이 삶에 대해 끝없이 대화하고 타협했다. 나의 자존감에 큰 역할을 한 것은 빠른 행동이었다. 마음먹은 일이 있으면 일단 움직였다. 어딘가에 전화를 걸고, 갑자기 어딘가에 등록하고, 어딘가를 갔다. 몸을 움직이지 않고 '나는 훌륭한 사람이야', '나도 알고 보면 괜찮은 사람이야'라고 생각만 해서는 절대로 자존감이 나아지지 않는다. 안 그래도 마음대로 되지 않는 이 세상이지만 최소한 내가 원하는 방향대로 시도는 해볼 수 있을 정도의 자기 통제감은 필요하다.

생각만으로 끝나는 게 아닌 직접 행동함으로써 그래도 이만하면 내 힘으로 해나갈 수 있겠다는 마음이 드는 게 자기 통제감의 시작점이라고 생각한다. 변화하려면 굉장한 용기가 필요하다. 생각한다는 것은 좋은 것이지만 때로는 지나친 생각이 독이 될 때가 있다. 용기를 내기 위해서는 너무 많이 생각하면 안 된다. 생각의 꼬리에 꼬리를 무는 순간 안 되는 이유만 생각하고 있는 자신을 발견했던 경험이 있을 것이다.

나는 이런 점에 있어서는 최고의 강점을 가지고 있었다. 그래서 지금은 너무 건강해지고 자신감이 상승되었다. 나를 편하게 생각하는 사람 앞에서는 지나치게 나를 표현할 때가 있다. 그러면 듣는 사람은 벼가 익을수록 고개를 숙여야 한다며 핀잔을 주기도 한다. 이 말이 틀린 것은 아니다. 우리는 예전에 그렇게 교육을 받았고, 지금도 아이들은 일찌감치 겸손을 먼저 배우고 있다. 익을수록 고개를 숙이는 것도 맞다. 하지만 아직 채 여물지 않은 벼는 하늘을 보고 꼿꼿하게 파릇파릇 자라야 한다. 특히 우리 아이들은 아직 알곡이 익지도 않은 벼나 마찬가지다. 익지 않은 벼가 일찍 고개를 숙이면 햇볕을 받지 못해 그 벼는 결실을 맺기도 전에 썩어서 죽어버릴 것이다. 그래서 나는 우리 아이들, 또는 학생들이 자기 자신을 스스로 높이 평가할 때가 있다면 정말 있는 힘껏 크게 칭찬해준다. 그 모습처럼 예쁘고 자랑스러워 보이는 게 없기 때문이다. 그런 모습은 당연히 칭찬받아야 마땅하다.

우리는 성인이 될 때까지도 자기 자신에 대해 잘 알지 못한다. 그런데도 어린 시절부터 벌써 겸손을 배우고 있다. 우리 문화권에서는 나를 낮추는 법을 먼저 배운다. 그러니 나를 탐색하고 나를 키우고 알 기회를 어른들로부터 박탈당하는 경우가 없지 않다. 자존감이 이미 충만한 사람은 겸손해도 된다고 생각한다. 하지만 나같이 노력하는 과정에 있는 사람이 있다면 과감히 겸손을 버리라고 말하고 싶다.

자존감은 나 자신을 낮추고 억누른다고 해서 생겨나는 것이 아니다. 자신에게 경험할 기회를 많이 제공해주고, 거기에 따른 성찰을 통해서만 생긴다. 자신이 잘하는 것을 발견했을 때, 혹은 발전해서 남보다 더 나은 사람이 되었다는 느낌이 들 때, 교만이 일어날 수도 있다. 하지만 교만에 대한 죄책감을 가지지 않았으면 좋겠다. 그런 자신을 받아줄 만한 편한 상대가 아니라면 다른 사람한테 그 모습을 보이지 않으면 된다. 최소한으로 제어하는 태도는 보이더라도 내 마음 안에서는 얼마든지 교만해져도 괜찮다고 생각한다. 나는 아직 파란 하늘을 바라봐야 하고, 따뜻한 햇살이 양껏 필요하다.

작가 레지나 브렛(Regina Brett)은 "매일 밖으로 나가라. 기적이 모든 곳에서 당신을 기다리고 있다"고 말했다.

과거의 아주 '작은 나'가 전부인 줄 알고 힘들게 살아갔던 내가 지금의 '큰 나'를 발견하고 살아가고 있다. 그것 자체로 기적이 아닐 수 없다. 내 인생의 거친 풍랑과 같은 사건과 자존심이라는 꽃이 떨어져 생긴 자존감이라는 열매는 세상에서 가장 달고 따뜻한 선물이다. 자존감은 우리 삶에서 기적을 일으킨다.

기억하라, 그대는 눈부시게 아름답다

밀레 作, <씨 뿌리는 사람>

출처 : Artvee.com

나는 처음 강사로 취업을 시도했다. 내가 할 수 있는 일을 고민 해봤지만 가장 잘할 수 있고, 사랑하는 일은 역시 미술을 가르치는 일이었기 때문이다. 그래서 어떻게 도전할 것인가에 대해 진지하게 고민하기 시작했었다.

주부가 되면 경력이 단절된다는 말이 듣기가 거북했는데, 이력 서를 쓰면서 느낀 나는 경력 단절 여성이 매우 분명했다. 아니 단 절도 아닌 그냥 무경력, 새하얀, 깨끗함 그 자체였다. 내가 써넣을 수 있는 칸은 30%를 넘지 못했다. 이름, 주소, 전화번호, 학력뿐 이었다. 그리고 중요한 경력란은 한 칸도 채우지 못했고, 자격증은 겨우 세 칸만을 채웠다. 그래서 자기소개서에 힘을 주어보려고 했 지만 딱히 쓸 말도 없었다. 절망적이었다. 마음 같아서는 아이 둘 을 키우며 살림을 책임지면서 끈기와 열정, 사랑, 인내 등 더욱 값 진 인간적 경험을 쌓았노라 설득하고 싶었다. 하지만 현실에서는 절대 통할 리가 없었다. 내가 아무리 경력 단절이 아니었노라 외쳐 도, 누구보다 정직하고 성실하게 살았어도 말이다. 공공기관에서는 증명이 될 만한 경력, 자격이 주어져야 가능한 일이었다. 이력서의 양식은 내가 경력 단절임을 분명하고 정확하게 보여주었다.

일단 경력이 안 되면 전공과목을 더욱 뒷받침해주는 자격증 취 득을 위해서라도 공부를 해야 했다. 그러다 마침 지인을 통해 안면 만 있었던 교육 바우처 기관을 운영하는 원장님이 번뜩 생각나서

연락을 드려보았다. 나의 사정을 설명드리고 공부를 시작하는데 도움을 주실 수 있느냐고 여쭤보았다. 원장님께서는 당연히 도와주시겠다고 하셨다. 누군가가 진심으로 나를 위해 마음을 써주고, 적극적으로 도와주신 분이 그때 원장님이 처음이었다. 지금까지는 무엇을 시도할 생각조차 하지 못했을 뿐더러 그랬기 때문에 누구의 도움을 필요로 하지도 않았다. 그래서 나는 늘 혼자였고, 세상은 나를 도와주지 않는다고 미워하고 원망만 했다. 하지만 내가 도움을 구하니 바로 도움을 주시는 것이었다. 그동안 내가 누군가에게 먼저 손 내밀지 않았기 때문에 여태 도움을 받지 못했다는 것을 그제야 깨달았다.

시간이 여유롭지 못했던 나의 상황에 맞춰 기꺼이 스승님이 되어주신 원장님은 모든 걸 속도를 내어 알려주셨다. 그리고 자격증 취득부터 이력서 쓰는 방법, 자소서, 계획서 등등 모든 도움을 주셨다. 드디어 나의 목표였던 과목 강사 모집에 이력서를 처음 접수했다. 학기 중간에 급하게 모집하는 공고라서 1차 서류심사에서 용케 통과했지만, 면접이 문제였다. 경력이 없으니 면접에서 좋은 인상과 실력을 경쟁자보다 몇 배로 발휘해야만 했다. 스승님과 면접 연습, 그리고 15분간 수업 시연을 할 작품을 만들고 대사들을 하나하나 연습했다. 시간은 빠듯한데 아무런 경험이 없어서 마음은 더 초조했다. 50퍼센트는 운에 맡긴 채 면접을 보고 올 수밖에 없었다. 결과는 불합격이었다.

첫술에 배부를 일이 없다는 걸 알면서도 마음은 사실을 받아들이기가 괴로웠다. 지금 생각해보면 참 당연한 결과였는데 말이다. 대낮에 어두운 방안의 침대로 들어가 이불을 뒤집어쓰고 괴로워하다가 잠이 들었다. 잠을 자는 것 말고는 내 마음을 달랠 길이 없었다. 준비한 기간에 비해 간절함이 넘어선 나머지 마음의 부작용이 컸다. 준비한 시간과 마음이 비례하지 못한 까닭이었다. 겨우 마음을 추스르고 모집공고를 계속 지켜보았다. 그런데 어느 날 스승님께서 여름방학 기간인 한 달만 강사를 모집한다는 채용 소식을 들려주셨다. 나는 한 달이라도 경력을 쌓는 게 우선 중요했다. 다시 열정을 되찾아 준비를 더욱 철저히 했다.

첫 면접 경험이 있어서 두 번째는 훨씬 마음의 부담을 덜었다. 하지만 첫 면접 때의 굴욕을 그때도 잊을 수가 없었기 때문에 더욱 철저히 준비했다. 그 결과 드디어 합격했다. 나의 열정과 열망이 전달이 되었는지 합격 전화를 받은 것이다. 그 순간 나는 이 세상 모든 것을 다 가진 기분이었다. 세상으로부터 나의 존재가 초대받은 것 같은 느낌에 다시 태어난 것만 같았다. 이 글을 쓰면서도 그때의 벅찬 마음이 그대로 떠오른다. 경력이 전혀 없는 나에게 기회를 주신 고마운 분들이다. 가슴에서 다시 고마움이 되살아난다. 아무것도 없는 나를 믿고 기회를 주신 선생님들께 너무 감사하다고 전해드리고 싶다. 나의 첫 도전의 성공이었고, 새롭게 도약할 수 있는 첫 단추였다. 기회를 선물받은 것 같은 감사함의 힘으로 나는 급격히 변화하기 시작했다.

합격 소식을 맨 처음 스승님께 알려드리고 부모님께도 전했다. 다들 너무나 축하해주셨다. 눈물이 났다. 지금도 눈물이 난다. 이렇게 감사한 일이 있었는데도 시간이 지나면 잊게 되다니, 이 글을 쓰면서 당장 학교로 달려가고 싶은 기분이다. 너무나 감사했다고, 아무것도 내세울 것 없었던 한 사람을 믿고 기회를 주셔서 인생이 달라지게 해주셨다고 전하고 싶다.

한 달 동안 신나게 출근을 했고, 열정을 다해 아이들과의 수업에 임했다. 나의 첫 사랑스러운 아이들이었다. 내 생에 기적과도 같은 한 달이었다.

기적은 기적을 낳는다고 했나. 계약이 끝나고 바로 나는 두 번째 취업에 성공했다. 역시 경력 한 줄이 다음 진로의 문을 활짝 열어주었다. 수업을 하며 왔다갔다 운전하는 시간 또한 너무 행복했다. 어떤 날은 이렇게 행복해도 되나 싶을 정도로 행복한 마음이 벅차올라 눈물을 흘렸던 때도 많다. 나는 그동안 눈물을 흘린 적이 별로 없었다. 아마도 감사를 모르고 살았기 때문일 것이다. 하지만 매일이 감사로 바뀌면서부터는 눈물이 많아졌다. 혼자 훌쩍 자주 눈물이 났다. 슬퍼서가 아닌 행복해서 흐르는 눈물이었다. 슬퍼서 흘린 눈물보다 오히려 행복해서 흘린 눈물의 양이 훨씬 많았을 것이다. 감사가 이렇게 삶을 행복하게 만들어주는 것인지는 정말 몰랐다.

아무것도 모르던 나를 밤낮으로 도와주셨던 스승님으로부터 나의 행복과 기적은 시작된 듯하다. 나는 그렇게 조금씩 경력과 경험을 쌓아갔다.

그러면서 나는 자신을 더욱 업그레이드할 수 있는 공부를 시작하기로 마음먹었다. 앞서 말했듯이 나는 대학원 진학에 대한 준비를 했고, 마치 내가 가야 할 길인 것처럼 기회와 환경은 이미 준비되어 있었다. 타인에 의해서가 아닌 내가 원하는 공부를 자청하고, 준비하는 과정 자체로 행복했다. 지필평가, 실기와 면접 준비로 분주한 나날을 보냈다. 스스로 하나하나 이루어나가는 과정 자체가 마음의 경력을 쌓는 일이었다는 것을 나중에 알게 되었다.

마음의 경력이 쌓이면 도전하는 실력도 자란다. 나는 그렇게 마음의 경력과 동시에 실무 경력을 쌓아 나갔다. 도전하고 이루고 이룬 결과물에 행복해하고, 감사가 자동으로 딸려오는 긍정적 에너지가 어마어마했다. 대학원 입학 전형에서도 좋은 결과를 받았다. 나의 간절함과 노력이 하늘을 감동시켰나 보다. 도전하고 소망을 이뤄나가는 성취와 기쁨에 중독되어갔다. 사는 게 너무 재미있었다.

화가 밀레가 그린 〈씨 뿌리는 사람들〉은 담대하고 거칠게 표현되었다. 무엇이든 다 이겨내리라는 농부의 굳은 의지와 역동적인 모습이 참 인상적이다. 취업을 결심하고, 배움을 시작한 후 나의 마음을 대변해주는 듯한 그림이다. 하겠다고 결심했을 때 이미 내 마음은 어떤 고난이든 이겨낼 각오가 되어 있었다. 그래서 나의 도전은 처음부터 대범했다. 그때의 나를 그림으로 표현한다면 밀레의 작품 속 인물에서 느껴지는 생명력과 비슷하지 않을까. 그때의 나를 칭찬한다. 세월이 흐를수록 나는 나를 칭찬하는 시간이 늘었다. 그리고 그때의 나를 마주하고 진심으로 이야기해준다.

"정말 잘했어. 막상 무엇인가 시작하려고 마음먹었을 때 많이 두려웠지. 다른 사람 앞에 네 이름으로 선다는 게 정말 힘든 일이었단 거 잘 알아. 너는 용기를 냈고 다른 사람들 앞에서 너를 드러냈지. 네가 도움의 손길을 보내니 가장 가까운 곳에서 네 손을 잡아주셨어. 그리고 세상은 너를 도와주고 싶어 했지. 세상에 뿌리내릴 수 있도록 너를 받아주고 기회를 주셨어. 앞으론 세상과 주고받는 상호보완적 관계로 이 세상에 필요한 사람이 되길 바라. 네가 성장해나갈 수 있는 발판을 마련해주신 모든 분들은 너를 응원하고 있었단다. 자격이 부족하다고 미리 포기하고 소극적으로 행동하지 않았던 너의 노력이 정말 아름다워. 아무리 숨기고 싶어도 숨길 수 없는 것은 열정이라고 생각해. 열정은 바깥으로 그대로 드러나기 마련이라서 너의 그 에너지를 필요로 하는 곳에서 마음껏 쏟아내면 된단다. 너는 앞으로 네가 향하는 곳 어디든지 도움의 손길을 나누는 향기 나는 사람이 되어야 해. 꼭 기억해. 너는 눈부시게 아름답다는 것을!"

오늘 내가 함께 살아가는 이유

쇠라 作, <그랑자트 섬의 일요일 오후>   출처 : Artvee.com

우리는 삶에서 무수히 많은 사건들로 수많은 점들을 찍으며 살아가고 있다. 점들이 모여 하나의 형태를 이루는 작품이 되듯 우리 인생도 크고 작은 사건들의 점이 모여 하나의 삶을 이룬다. 이러한 우리 삶을 예술로 연결하여 점묘법이라는 미술의 표현 기법을 창시한 화가가 있다. 신인상주의를 대표하는 프랑스의 화가 쇠라(Georges Seurat)의 〈그랑자트 섬의 일요일 오후〉다. 쨍한 오후의 햇살을 내리쬐어주며 우리의 가슴을 따뜻하게 감싸줄 만한 작품이다.

그랑자트 섬은 일요일 오후를 맞아 봄볕을 즐기려는 사람들로 붐빈다. 나뭇가지는 연두색 빛으로 덮이고, 깔끔한 복장의 남녀노소들이 풀밭에 앉거나 주변을 거닐며 휴식을 취하고 있다. 강가에는 낚시를 즐기는 여성들이 보이고 강 위에서 돛단배, 통통선, 카누를 타는 사람들이 섞여 있다. 쇠라의 대표적인 작품으로 평가받는 이 그림은 파리를 관통하는 센강에 위치한 그랑자트 섬에서 맑게 개인 여름 하루를 보내고 있는 시민들의 모습을 담고 있다. 1886년 제8회 인상파 전람회에 출품되어 많은 이목을 끌었다. 다양한 색채와 빛, 그리고 형상들을 점묘 화법을 통해 꼼꼼하게 표현함으로써 인상주의의 색채 원리를 과학적으로 체계화한 작품으로 평가받고 있다.

쇠라는 점을 찍듯 물감을 찍어 그림을 봤을 때 원래 색들이 섞여 보이는 색점들로 이루어진 점묘법을 탄생시켰다. 점묘법은 물감에 팔레트를 섞지 않고 붓으로 점을 찍는 방법이다. 쇠라는 이 작품을 완성시키기까지 굉장한 시간이 걸렸다고 한다. 나는 쇠라의 이 작품처럼 내일을 위한 오늘의 점을 잘 찍으며 살았던 것 같다. 오늘 찍은 하나의 점은 나의 꿈을 향한 방향으로 한 발짝씩 다가갔다. 인생에서 실패를 경험할지라도 나에게 결코 쓸모없는 시간이란 없었다. 자그마한 실패의 경험조차도 그대로 받아들일 때 한 폭의 멋진 그림이 되었기 때문이다. 삶의 모든 순간은 나다. 나는 삶을 사랑한다. 나의 삶을 이루고 있는 고마운 사람들을 사랑한다. 나의 큰 그림을 위한 현재의 작은 실패까지도 사랑한다. 일상의 모든 시간을 소중히 여기는 이것이 바로 내가 앞으로 살아가는 이유가 될 것이다.

나는 마흔이 되던 해 교육대학원에 입학했다. 시작은 설레지만 늘 짝꿍처럼 붙어 다니는 두려움도 함께 딸려 왔다. 육아와 일 사이에서 학생이라는 신분이 또 추가되었기 때문이다. 이후 나의 정체성은 모호해졌다. 그것은 행복한 모호함이었다. 나는 한 우물을 파고 어느 한곳에서 결과를 내는 것보다는 이곳저곳 기웃거리며 관찰하고 배우는 것을 좋아한다. 해보고 싶은 게 있으면 일단 시도해보고 나서 안 되는 것은 안 하면 되었다. 행동을 한 결과에 대해서 후회하는 법은 절대 없었다. 일단 체험을 해봄으로써 반응을 유심히 관찰하며 나에 대해 한 조각 더 알아가는 과정이라고 생각했기 때문이다.

내가 원하는 게 아니었다면 아쉬움 없이 깨끗하게 중도 포기하기도 한다. 그중 대학원 공부는 내게 큰 수확이었다. 지금까지 공부했던 결과물을 돌아봤을 때 대학원에서의 학점은 거의 신기록에 가까웠다. 학창 시절 공부하라고 그렇게 잔소리를 들었을 때는 늘 하위 점수에 머물렀던 내가 주도적으로 시작한 공부의 결과물은 최고점이었다. 역시 시켜서 하는 공부가 아닌 스스로 능동적으로 하는 공부가 결과도 좋다는 것을 깨달았다.

미술을 전공했지만, 미술의 영역이 다양한 만큼 그 안에서 경험해보지 못한 분야가 많았다. 하지만 대학원에 입학해서 그동안 접해보지 못했던 새로운 분야를 다양하게 경험해볼 수 있었다. 한국화, 금속공예, 조각 등 다양한 수업을 들으면서 나의 숨은 섬세함을 발견했고, 또 다른 재능을 발견할 수도 있었다. 경험함으로써 나도 몰랐던 나의 재능을 하나하나 추가로 발견하기도 했다. 재능 찾기는 아이들에게만 해당되는 것이 아닌 성인에게도 얼마든지 해당이 될 수 있다. 새로운 나를 만나는 경험만큼 즐거운 것은 없다.

나의 이 배움이 만약 적절한 시절의 젊은 나이에 주어졌다면 이렇게 소중했을까 싶다. 결혼을 하고 육아와 일을 병행하면서 나에게 집중할 수 있는 시간이 한정되어 있었기 때문에 오히려 시간의 소중함을 잘 알게 되었다. 그래서 시간을 쪼갠 배움은 더욱 귀했다. 역할이 많았던 나는 홍길동처럼 여기저기 빛의 속도로 움직였고, 나에게 주어진 일들이 소중하고 값졌다.

내게 주어진 역할에 정신없는 탓에 학점에 불리하지나 않을까 내심 걱정했지만 교수님들께서는 내게 언제나 만점을 주셨다. 그로 인해 나는 더욱 더 자존감이 상승하게 되었다. 교수님들의 칭찬이 나의 내면을 춤추게 만들었다.

나이를 떠나 칭찬받을 때만큼은 어린아이가 된 듯 기뻤다. 훌륭한 교수님들께 배우면서 교직생활에서의 기본적인 품성과 태도를 자연스럽게 습득할 수 있었다. 제자에게 샘물과도 같은 가르침과 칭찬을 아낌없이 지원하는 교수님들을 보면서 나도 제자들에게 칭찬을 더욱 자주 해줘야겠다는 생각이 들었다. 학생을 배려해주시는 그분들의 따뜻함에 존경심과 사랑이 샘솟았다.

등 떠밀려 하는 공부는 진짜 공부가 아님을 지금은 안다. 내가 학창 시절에 한 공부는 진짜 공부가 아니었다. 진짜 공부는 내 가슴이 원해서 주도적으로 하는 공부가 진짜 공부였다.

내가 호기심으로 바라보기만 하면 그 모든 게 공부가 되었다. 나의 역할이 많음에도 불구하고 그렇게 한 학기 한 학기를 무사히 마쳤다. 두려움과 행복을 동시에 떠안고 앞으로 나아가며 실수도 참 많았다. 하지만 손을 내밀면 도와주는 이들이 있어서 늘 든든했다. 나 혼자서는 불가능했던 일도 생각해보면 참 많았다.

팬데믹으로 어려운 상황에서도 한 달 동안 교생실습을 위한 교육의 장을 마련해주셨던 존경하는 교장선생님, 교감선생님 등 등 너무나 감사한 분들이 계셨다. 한 분 한 분 나에게 얼마나 고마운 분들이셨는지 가슴에 되새겨본다.

생각해보면 나는 어쩌면 세상의 아름다운 것들을 다 놓치고 살 뻔했다. 옆 사람의 손길이 얼마나 따스하고 위안이 되는지 모를 뻔했다. 배움과 도전이 없었더라면 삶이 얼마나 소중하고 경이로운지 모를 뻔했다. 내게 고통스러운 밤이 없었더라면 어쩌면 용기라는 단어도 내 인생에 없었을지도 모른다.

용기가 가져다준 선물이 없었더라면 알지 못했을 것이다. 나를 걱정해주고 붙잡아주고 손 내밀어주는 사람들이 곁에 있다는 것을 말이다. 만약 고통의 밤을 겪지 않았더라면 고마움도 모른 채 이 세상을 살아갔을 텐데, 상상만 해도 아찔하다.

나는 교사가 되고 학교에서 생활하는 학생들을 보면 나의 학창 시절 과거로 돌아간 듯 묘한 기분이 든다. 나의 학창 시절은 그다지 행복하지 않았다. 그런데 아이러니하게도 나는 교사가 되었다. 학교는 당시 내게 무서운 곳이었고 답답한 공간이었다. 선생님들도 무섭고 친구들도 어려웠다. 학교란 곳은 내게 없는 것을 자꾸만 요구하고 강요했던 매우 부담스러운 곳이었다.

공부를 못하면 무시당하고 은근 소외되는 그런 곳으로 내게는 기억된다. 그때 당시 내가 느낀 분위기는 공부를 잘하면 대우받고 칭찬받았으며, 대체로 공부를 잘하는 아이들은 명랑하고 성격도 밝았다. 하지만 공부를 못하면 소극적이고 자신감이 하락하는 분위기였다. 나 같은 학생을 따뜻한 시선으로 바라봐주는 선생님은 없었다. 그런 부분이 아쉽지만 반대로 내가 그런 선생님이 될 수 있는 자격을 갖추게 되었음에 기쁘다. 학생들에게 학창 시절 내 모습을 투영시키며 그때의 어린 내가 어른들께 듣고 싶었던 이야기를 대신 건네준다. 어린 나에게 들려주는 말이기도 하다. 아직 어리고 눈물 많고 여리기만 한 나를 보는 따뜻한 시선과 표정을 복사해 그들에게 그대로 옮겨본다.

그들이 웃으면 어린 나도 함께 따라 웃는다. 나의 치유는 바로 학생들이다. 그들은 바로 나 자신이기 때문이다. 나는 학생들을 통해 내 모습을 본다. 각자의 안에는 자기만의 천재성이 분명 있다. 그것이 발굴되도록 도와주는 진짜 어른으로서 존재하기 위해 오늘도 나는 생각을 바로 서기 위한 노력을 한다. 작은 나의 존재로 인해 아이들의 등교의 발걸음이 조금이나마 가벼워지고 학교란 공간이 즐거울 수 있기를 간절히 바래본다. 나는 오늘도 어린 나에게 끊임없이 질문한다. 너는 지금 무엇을 원하니. 무슨 말이 듣고 싶니. 너는 지금 어떤 고민을 하고 있니. 나와 학생들 사이의 경계에 서서 어린 나와 지금의 이들을 살리는 인생의 해설서를 쓰는 방법을 함께 공부하려 한다. 자신만의 인생 해설서가 있는 사람은 그렇지 못한 사람보다 훨씬 단단하게 살아갈 수 있기 때문이다. 오늘 내가 이들과 함께 살아가고 싶은 이유다.

밤하늘의 수많은 별들은 나를 꿈꾸게 만든다

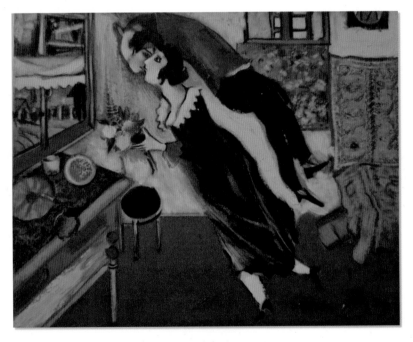

샤갈 作, <생일>

출처 : 저자가 그린 모작

"나는 그냥 창문을 열어두기만 하면 됐다. 그러면 그녀가 하늘의 푸른 공기, 사랑, 꽃과 함께 스며들어 왔다. 그녀는 내 그림을 인도하며 캔버스 위를 날아다녔다."

샤갈(Marc Chagall)의 대표작 〈생일〉은 보는 이의 마음까지 두둥실 떠오르게 만드는 그림이다. 첫사랑의 설레는 감정 그대로를 색채로 표현한 걸작 중의 걸작이다. 샤갈의 작품 속 인물들은 대부분 발끝이 땅을 밟고 있지 않고 하늘에 둥둥 떠 있다. 그림 속 인물들이 중력의 법칙을 벗어나는 건 샤갈 작품의 주요 특징이다. 그 이유는 샤갈의 신앙인 유대교의 하시디즘의 오랜 이야기에서 가져왔기 때문이다. 그 이야기에는 사람이나 천사가 길 위를 둥둥 떠다니는 묘사가 등장한다. 이런 이야기를 듣고 그림을 보며 자란 샤갈에게 '둥둥 떠다니는' 사람과 동물은 너무나도 자연스러운 발상이었을 것이다.

마르크 샤갈은 유대인으로 본래 이름은 '모이세 하츠켈레프'이다. 당시 유대인은 거주지를 자유롭게 선택할 수 없었다. 어린 시절 내내 이유 없이 차별받고, 생명의 위협을 느껴야 했던 샤갈. 그는 유대인이 관습적으로 해야 할 일을 거부하고, 삶의 의미를 찾을 수 있는 일을 고민하다가 화가가 되기로 결심했다. 화가가 되기 위해 혈혈단신으로 고향을 떠나 상트페테르부르크로 향한다. 당시 그곳에서는 유대인이 체류하려면 허가증이 필요했다. 허가증도 없이 무작정 떠나온 샤갈은 하루하루가 궁핍한 생활을 했다고 한다. 하

지만 그의 모든 것을 건 도전에 구원자가 손을 내밀어 샤갈에게는
한 줄기 빛이 찾아왔다. 구원자는 바로 유대인 변호사였다. 그는
같은 유대인이면서 미술 애호가였기에 미술 공부를 하겠다고 무작
정 상경한 샤갈의 열정에 감동해서 기꺼이 도와준 게 아닌가 싶다.

샤갈은 상트페테르부르크의 미술학교에서 공부를 하면서 처음
으로 예술의 중심지인 파리의 최신 작품들들 만나게 된다. 시골청
년이었던 샤갈은 큰 충격을 받고 곧장 파리에 갈 꿈을 꾸기 시작했
다. 샤갈의 실행력은 정말 대단하다. 예술의 중심지로 유학을 간
샤갈은 파리의 미술관에서 거장들의 작품을 골고루 씹어 먹으며 자
기만의 방식으로 재창조하기 시작했다.

샤갈은 〈나와 마을〉이라는 자신을 대표할 만한 작품도 탄생시켰
다. 그리고 그는 러시아에서 알고 지낸 로젠펠트와 깊은 사랑에 빠
지게 되면서 〈생일〉이라는 환희에 찬 순간을 작품에 담았다. 샤갈
의 생일에 약혼녀인 로젠펠트가 꽃다발을 들고 찾아오는 장면이다.

샤갈의 작품 속에 로젠펠트가 늘 등장했을 정도로 그의 마음에
는 그녀에 대한 사랑이 가득했다. 누군가를 진정 사랑하고 추억할
줄 알았던 샤갈의 마음이 아름다운 그림으로 남아 오늘날까지 청아
한 색채로 빛나고 있다. 연인과의 순수한 사랑을 노래한 줄만 알았
던 샤갈. 알고 보니 그에겐 '유대인'이라는 아주 중요한 반쪽이 있
었다. 차별과 핍박에 시달려야 했던 유대인의 삶을 어둡고 슬픈 그

림들로 그려낼 수도 있었다. 하지만 샤갈은 인류애와 평화로 빛날 미래를 그렸고 사랑에 기초한 꿈을 함께 나누었다. 그의 순수하고 긍정적인 삶에서처럼 예술에도 사랑에 뿌리를 둔다면 모든 일이 가능하리라 믿었다. 샤갈은 자기 내면의 지성과 유대인 감성을 섞은 자기만의 특유의 기질을 살려 독자성을 창조할 수 있었던 것이다.

나의 인생 또한 자세히 들여다보면 수면 아래서 끊임없이 발을 움직이는 백조와도 닮았다. 나는 굉장한 노력파다. 겉으로 잘 표현하지는 않지만 보이지 않는 곳에서는 무수히 고민하고 두려워하며 고통의 상흔들로 가득하다. 여러 번 말하게 되지만 어릴 적부터 나는 자존감이 매우 낮은 아이였다. 예능 쪽으로 가능성이 정말 많은 아이였지만 아무도 알아주지 않았다. 그렇지 않아도 소극적인 성향인데 더욱 더 움츠러들었으며 야무짐이라곤 전혀 없었다.

존재감 없는 그저 그런 아이로 성장해나갔다. 막연하게 꿈이 화가였고 다른 그 무엇은 생각하지도 못했다. 부모님이 좋아하는 공부를 잘하는 똑똑한 딸이 되고 싶었으나 중학교 3학년 때까지 공부로는 희망이 없어서 예민한 청소년 시기에 나름 뼈아픈 고민을 했었다. 나는 부모님을 기쁘게 해드리기 위한 공부는 포기하기로 하고 내가 끝까지 못 본 척 외면했었던 미술의 길을 택할 수밖에 없었다.

마지막 카드로 예술고 진학을 위한 길을 선택한 것이다. 담임선생님과 상담 중 엄마의 눈물을 보고 어린 나는 마음이 무너졌다. 굿

은일을 쉬지 않고 하시며 잘 키워보려고 했을 엄마의 마음은 얼마나 속상했을지 그 아픈 심정을 직감적으로 읽어버렸다. 나는 나의 무능력함을 한없이 원망하는 것 말고는 할 수 있는 게 없었다.

그 후 예고입시를 몇 개월 앞두고 입시준비는 급하게 진행되었다. 나는 갑자기 변해버린 환경에 몹시 불안했고 처음으로 경험해보는 입시미술학원에서의 분위기에 적응이 되지 않아 몰래 눈물을 훔친 기억이 난다. 처음 마주하는 낯설기만 했던 학원 사람들, 나무 바닥 냄새와 물감 특유의 화학약품 냄새가 한데 섞여 나를 더욱 불안에 떨게 만들었다. 목 놓아 울고 싶을 정도로 엄마가 보고 싶고 못난 딸이어서 미안한 마음에 내가 더욱 보잘 것 없어 보였다.

밤 10시까지 하루 수업량을 채우고서야 집으로 돌아갈 수 있었다. 중3 열여섯 살의 여린 소녀는 그렇게 일찍 입시라는 큰 관문을 목표로 하루하루를 살아내었다. 하지만 그렇게 학원에서 수없이 반복해 준비를 했지만 불합격이라는 안타까운 결과를 얻고 말았다. 열여섯 나이에 불합격이라는 결과는 엄청나게 강한 충격과 고통으로 다가왔다. 나는 그렇게 일찍 좌절을 겪고 보통고에 진학해 본격적으로 미술의 길을 걷기 시작했다.

희미해진 과거를 들추며 글을 쓰고 있는 지금의 나는 어린 나에게 말해주고 싶다.

좌절은 또 다른 희망을 암시하고 있는 행운의 열쇠라고. 그러니 모든 것이 끝났다고 생각하지 말고 힘을 내라고. 너는 분명 잘할 거고 용기를 내라고.

아무것도 아닌 것 같은 이처럼 평범한 말을 듣지는 못했지만 지금이라도 내가 나에게 말해줄 수 있어서 참 다행이다.

좌절은 또 다른 행운의 열쇠가 확실했던 것은 좋은 미술 선생님을 만났기 때문이다. 고마우신 미술 선생님은 관심과 사랑으로 미술대학입시를 준비하는 우리들을 3년 내내 보살피며 전국에서 열리는 모든 대회에 참가시켰다. 그런 선생님의 노력의 결과로 나는 3년 동안 많은 상장을 받으며 실력을 인정받았다. 그 덕에 나는 원하는 대학입시의 특차전형에 합격하는 영광을 누렸다.

생각해보면 나는 인생 초반에 참 작은 시련들을 겪은 것 같다. 칭찬과 인정, 도대체 그게 뭐라고 이토록 사람을 사무치게 만들었던 건지 세상과 환경을 원망하기도 했다. 대학 졸업 후 나는 세상의 프레임에 맞게 직장에 문을 두드렸고 결혼할 나이가 되니 결혼을 했고 아이를 낳았다. 그리고 나는 얼마 지나지 않아 배우자를 잃는 비참한 운명을 맞이해야 했다. 사람이 살다 보면 수많은 실패와 좌절로 힘든 시절을 누구나 겪는다고는 하지만 과연 몇 명이나 자신의 비참한 운명을 사랑할 수 있을까. 아마도 사람들 대부분은 삶에 대한 의욕은 이미 사라지고 과거에 대한 후회와 미래에 대한 염

려로 바쁠 것이다.

니체는 《즐거운 학문》에서 "커다란 고통이야말로 정신의 최종적인 해방자이다"라고 말했다. 고통스러운 삶이 우리를 더 심오하게 만든다는 뜻이다. 삶이 아무리 고달프고 괴로울지라도 자신의 운명을 긍정하고 받아들여야 한다고 말했다.

그때는 이해할 수 없었을지라도 지금은 확신한다. 내가 여태 꿈꿀 수 있었던 것은 참 역설적인 표현이긴 하지만 불안했기 때문이다. 절대 현실에 안주할 수 없었던 불안한 환경으로부터 내 운명이 재세팅될 수밖에 없었던 그 시점. 내 운명을 극복하기 위해서는 용기라는 저항이 절실하게 필요했다.

용기는 두려움에도 불구하고 상황을 직면하고 행동할 수 있는 마음이다. 그동안 익숙하고 편안하게 안주했던 울타리 안에서 벗어나 새로운 일을 시도해야 하는 굉장한 용기가 필요했다. 그 용기는 그야말로 고통 그 자체였다. 사람이 변화하고 싶다면 그동안 전부라고 생각했던 그 모든 낡은 것을 내려놓고 새로운 것으로 채워야 한다고 한다.

하지만 나는 내 의지에 상관없이 강제로 그 전부를 내려놓게 되는 사건으로 인해 변화의 길로 들어섰다. 이건 그냥 강제적 변화였다. 그 방법은 너무 억울하고 잔인했다.

변하고 싶어도 어떠한 충격적 사건이 없으면 절대 변하지 않는게 인간이며 과거의 것들과 결별해야만 변화가 일어난다는 말이 있다. 나는 마치 자동시스템으로 인해 변화할 수밖에 없는 상황이 연출이 된 꼴이다.

어느 책 내용에서 익숙한 것을 버리고 새로운 것을 경험할 때 비로소 자신이 진정으로 원하는 바가 무엇인지 깨닫게 된다고 했다.

낯선 세계로 한 발짝 나아갈 때 내가 누구인지, 내가 진정으로 무엇을 원하는지 나의 내면의 목소리에 집중할 수 있었다. 비록 강제적이었지만 나는 정말 많은 것을 이루었다. 잊고 있었던 그림을 다시 그리기 시작했고, 강사로 시작해서 대학원 공부, 그리고 지금은 중등교사, 작가의 위치로 수직 상승했다.

이 모든 것은 마르크 샤갈에게 변호사가 손 내밀어줬듯이 나 또한 나의 도전에 손을 내밀어준 한 줄기 빛이 되어준 구원자가 있었기 때문에 가능한 일이었다.

나의 열정에 하늘도 감동해 기회를 주신 게 아닌가 싶다. 나에게 기회를 준 인연들을 소중하게 생각한다. 샤갈과 나와 비슷한 점이 있다면 샤갈의 차별과 핍박에 시달려야 했던 유대인의 삶에도 불구하고 긍정과 희망을 잃지 않았다는 점이다. 그리고 자신의 결핍을 오히려 예술의 독자성으로 연결시킨 실행력이 있었다는 점이다.

나도 마찬가지로 내가 겪은 결핍의 감성을 내 삶의 독창적인 소울로 연결시키고 있는 중이다.

고통이라는 실연을 겪지 않았더라면 나를 이렇게 사랑할 수 있었을까? 낡은 사고로부터의 정신해방을 맞이할 수 있었을까? 그리고 이처럼 수많은 꿈을 꿀 수 있었을까?

밤하늘의 수많은 별들은 아름다움을 사칭한 과거의 크고 작은 실연이었으며, 앞으로 일어날 수많은 고통일 것이다. 하지만 나는 미리 겁내지 않기로 한다. 실연과 고통 또한 결국 아름다운 별처럼 빛날 것을 잘 알기 때문이다.

이처럼 밤하늘의 수많은 별들은 나를 여전히 꿈꾸게 만든다.

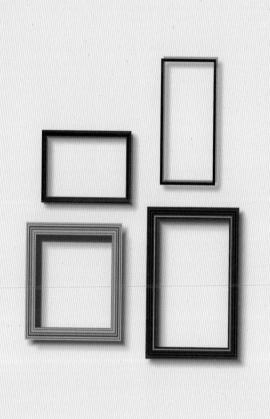

4장

고통은
지나가지만
아름다움은
남는다

사랑, 희망의 또 다른 이름

렘브란트 作, <돌아온 탕자>　　　출처 : Artvee.com

렘브란트의 마지막 작품으로 알려져 있는 〈돌아온 탕자〉는 성서 속 이야기를 담고 있다. 어느 부자에게 두 아들이 있었다. 큰아들은 아버지를 도와 착실히 일한다. 하지만 둘째 아들은 자기 몫의 재산을 떼 달라고 요구했다. 그래서 아버지는 둘째 아들에게 재산을 나누어 주었고 그 아들은 돈을 가지고 떠나 방탕하게 살았다. 이윽고 재산을 탕진한 둘째 아들은 그곳에서 어렵게 살다가 결국 아버지를 찾아간다. 아버지는 거지꼴을 하고 돌아온 아들을 얼싸안고 반가워했다. 그리고 아버지는 사람들에게 "잃은 줄 알았던 자식이 돌아왔으니 얼마나 기쁜 일이냐"고 말했다. 둘째 아들을 영원히 볼 수 없을 것으로 생각하고 낙담했는데, 아들이 돌아오자 너무나 기뻐했다는 이야기다. 소중한 재산을 유흥에 탕진하고 거지가 되어 돌아왔기 때문에 어쩌면 화를 내고 꾸짖어야 맞다고 생각될지도 모른다. 하지만 작품 속 아버지는 아들의 어깨에 두 손을 놓고 감정에 복받쳐 오르는 모습을 보이고 있다. 부모의 사랑은 결국 자식이 잘못하고 또 잘못해도 언제나 이해하고 용서해주는 것인가 보다.

이런 탕자를 이어령 선생님은 양에 비유해서 해석했다. 아흔아홉 마리 양을 두고 없어진 한 마리 양을 찾아가는 사람이 있냐고 하겠지만, 자식 키워본 사람은 안다고 했다. 성한 자식보다 학교도 안 다니고 말썽 피운 놈이 더 눈에 밟히는 것이 사랑이라고 말이다. 또한 자기한테 효도하는 큰아들을 놔두고, 집을 떠났던 작은아들이 빈털터리가 되어 돌아오는 걸 왜 반가워하냐고 묻는다면 어떨까.

그것은 탕자이기 때문에, 집을 나갔기 때문에, 그 한 마리 양이 아흔아홉 마리보다 훨씬 뛰어날 거라는 생각이다. 제자리에서 풀이나 뜯어 먹는 것이 아니라 호기심 많아서 늑대가 오나 안 오나 살피고, 저 멀리 낯선 세상과 대면하는 놈이 탁월한 놈이라는 것이다. 남의 뒤통수만 쫓아 다니면서 길을 잃지 않은 사람과 혼자 길을 찾다 헤매본 사람 중 누가 진짜 자기 인생을 살았다고 할 수 있겠는지 이어령 선생님은 우리에게 질문한다. 작품을 통해 언제나 자식을 품어줄 수 있는 부모의 참된 사랑에 대해 감동하고 이어령 선생님의 탕자 이야기에 한 번 더 감동했다. 나는 아이들의 부모이기 전에 부모님의 자식이기도 하다. 과연 나는 부모에게 어떤 자식이며, 아이들에게는 어떤 부모인가에 대해 깊히 생각해보게 되었다.

나는 과거에 부모님에게 탕자 같은 자식이었다. 돌아다니는 것을 좋아해 늘 밖에서 생활하다시피 했고 주말에도 거의 집에 있는 경우가 없었다. 하지만 부모님은 늘 내가 집이라는 온실 안에 조용히 있다가 결혼하기를 바라셨다. 반대로 나는 이 세상을 자유롭게 탐험하고 경험하고 싶었다. 노는 게 너무 재미있었다. 호기심이 많아 늘 새로운 것을 꿈꾸는 나의 욕망과 부모님의 바람은 늘 엇갈렸다. 그래서 우리는 사이가 좋지 못했다.

늘 마음에 안 드는 나를 바라보는 부모님의 시선을 피해 애써 외면했다. 부모님의 마음에 들기 위해서 내가 하고 싶은 것들을 포기할 수 없었기 때문이다. 그래서 지금도 후회하지 않는다. 그때처럼 자유롭게 놀 수 있었던 가장 좋은 날은 그 이후로는 단 한 번도 없었기 때문이다. '사람은 늘 때가 있다'라는 말을 체감하면서 살아가고 있다.

내가 그렇게 집중해서 놀았던 시간의 근육이 없었다면 막상 공부의 때가 돌아왔을 때 집중해서 공부할 수 없었을 것이다. '잘 노는 아이가 공부도 잘한다'라는 말이 있듯이 성인도 마찬가지다. 노는 것도 집중력이 필요하다. 나는 정말 열심히 놀았다.

부모님은 늘 못마땅했지만 나는 친구들과 어울리는 시간이 너무 즐거웠다. 반대로 나는 나의 즐거움을 알아주지 않는 부모님을 원망했다. 그렇게 열정적으로 놀면서 꽃다운 20대를 보냈다. 그리고 나는 배우자를 만나 결혼하게 되었다. 평생 해결하지 못했던 부모님과의 갈등은 나의 배우자와의 결혼과 동시에 무장해제되었다. 부모님은 나의 배우자를 너무 좋아했고 그런 배우자를 만난 나를 처음으로 인정해주었다. 딸인 나를 지나치게 걱정하는 부모님의 사랑은 도리어 나를 억압했다. 나를 갑갑하게 했고 빨리 배우자를 만나서 독립하고 싶었다.

그러던 중 운명처럼 나의 배우자를 만났고 처음부터 서로를 알아보았다. 나와 배우자는 같은 해, 같은 날, 같은 시간대에 태어난 말도 안 되는 운명적인 만남이었다. 모두가 진심으로 축복해주었다. 무엇보다도 부모님의 사위 인정은 나를 향한 인생 최고의 칭찬이었다. 부모님의 인정에 매말랐던 나는 나의 배우자로 하여금 그 모든 마음의 빚을 청산받았다. 그동안 부모님을 원망하며 온갖 오만을 부렸던 내 마음이 모든 게 감사로 탈바꿈되었다. 하지만 불행하게도 그 행복은 오래가지 못했다.

내 인생의 선물 같기만 했던 나의 배우자를 떠나보내고 나는 다시 길 잃은 양이 되었다. 결혼과 동시에 나는 부모님께 드디어 인정을 받았고 행복하게 사는 모습이 최고의 효도였는데, 또다시 부모님에게 걱정의 존재로 남게 되었다. 결혼 전과는 달리 딸이 이번엔 두 생명을 혼자 떠안고 책임져야 하는 배로 늘어난 걱정거리로 말이다.

사람을 떠나보낸 충격과 슬픔이 채 가시지도 않은 상태에서 주위의 들끓는 음성들은 슬픔 자체에 집중하지 못하도록 방해했다. 마음 놓고 슬퍼하고 애도할 시간이 주어지지 않는 지옥 같은 상황은 온갖 증오와 원망으로 변질되었다. 사람이 떠나고 남은 자리에는 슬픈 마음과 그리운 아름다움만이 남는 줄 알았다. 하지만 현실에서 죽음 후에 남는 것은 온갖 불신과 원망과의 투쟁이었다.

서로가 찢기고 찢긴 상처를 어떻게 처리하지 못해 생겨난 전쟁과도 같은 상황은 더 이상 슬퍼할 수도 없는 상황으로 둔갑했다. 어떻게든 견디고자 했던 절박한 마음의 끝은 풀리지 않는 미움과 상처뿐이었다. 부모님에 대한 회복된 나의 마음은 어디가고 다시 어린 시절의 원망하는 나로 돌아가고 말았다. 어릴 때부터 결핍되었던 따뜻한 말, 위로의 말이 사랑이라고 믿었던 나는 또다시 어린아이로 돌아가 마음을 닫고 말았다. 자존감은 더욱 낮아지고 가진 게 없다고 생각하니 초라하고 자존심만 높아졌다.

굽이진 길을 혼자 걸으며 돌에 치이고 가시에 찔려 상처 난 발과 상처 투성이인 마음을 숨기려 일부러 멋진 신발을 신고 멋진 옷으로 가리려고 했다. 발바닥에 박힌 가시를 빼낼 생각은 하지 못하고 상처 난 피부 표면에만 신경을 쓴 셈이다. 안에서 곪아버린 염증과 감정의 피해를 나는 혹독하게 치를 수밖에 없었다.

나는 한 마리의 양처럼 길을 잃어 버리고 한참이 지나서야 알게 되었다. 나의 부모님으로부터 내가 받은 게 얼마나 많았는지에 대해. 나 자신의 인생을 찾아보겠다며 울며 혼자 길을 헤맬 때 건강하게 곁에 계셔주셨다는 것만 해도 나에게는 큰 감사였다. 그게 가장 큰 사랑이었음을 나는 알지 못했다.

마음이 힘든 딸을 내버려두고 변함없이 가게 일에 전념하는 엄마가 이해가 되지 않았었다. 하지만 어떻게 될지 모르는 딸을 위해 몸을 사리지 않고 아직도 열심히 경제활동을 하시는 엄마의 책임감은 그녀가 할 수 있는 가장 큰 사랑이었음을 깨닫게 되었다. 부모님의 사랑은 과거나 지금이나 책임감이었다.

겉으로 표현할 줄 모르는 부모님을 원망하기도 했었다. 하지만 부모님은 사랑을 책임감으로 표현하고 계셨다. 책임감이란 나의 부모님의 큰 사랑이었다.

돈만 버시는 부모님의 뒷모습으로 인해 늘 쓸쓸하고 정에 굶주렸지만 지금은 그 등이 가장 따뜻하고 듬직하다는 것을 안다. 그 등은 지금도 늘 한결같다.

그 등마저 사라질까 봐 두려운 것도 잠시 내 부모님이 살아계신다는 것에 너무나 감사하다. 길을 잃게 해줘서 감사하고 헤매게 만들어줘서 감사하다. 고난을 주셔서 감사하고 가시밭길을 걷게 해주셔서 감사하다. 지금 이 순간 숨 쉴 수 있어서 감사하다.

부모님 살아계실 때 그 사랑 깨닫게 되어 감사하다. 내가 인간적으로 살아가는 모습을 보여드릴 수 있어서 너무 감사하다. 모든 게 전부 감사가 아닌 것이 없다. 울퉁불퉁해도 자기 금덩이를 캐고 돌아온 탕자처럼, 쓴 열매라도 따온 탕자처럼 나 또한 사랑과 감사라는 삶의 가장 큰 희망의 열매를 함께 따왔으니. 탕자 이야기는 나의 부모님 그리고 나의 이야기처럼 가깝게만 느껴진다.

사랑이야말로 세상에서 가장 큰 희망과 축복의 다른 이름이라는 것을 알게 해준 나의 부모님. 세상에 존재하는 모든 부모님. 너무 너무 사랑하고 감사드린다.

자신의 그림만큼 강렬한 삶을 살다 가다

알브레히트 뒤러 作, <기도하는 손>

출처 : 저자가 그린 모작

우리는 일상에서 늘 손을 바삐 움직이며 살아가기도 하고 손의 온기로 사랑을 전하기도 한다. 자식을 돌보는 손, 환자를 돌보는 손, 요리하는 손, 상대방을 잡아 이끄는 손, 예술 창작에 몰두하는 손 등 우리는 각자의 아름다운 손에 대한 이미지가 있을 것이다. 모든 신체 기관 중 표정 다음으로 사랑을 표현할 수 있는 유일한 기관이기도 하다. 그중 아주 심금을 울리는 아름다운 표정을 담고 있는 작품이 있다. 독일의 화가며 조각가인 알브레히트 뒤러(Albrecht-Düre)의 작품 〈기도하는 손〉이다. 이 작품은 현재 뉴른베르크 박물관에 보관되어져 있다.

알브레히트 뒤러는 독일 르네상스 시기의 위대한 예술가다. 여러 가지 방법을 고안해서 눈으로 본 세계를 감동적으로 표현하는데 열중했고, 특히 성서 즉 하나님의 말씀을 독창적인 수법으로 재현한 화가이기도 하다. 이런 위대한 예술가가 남긴 걸작이자 우리에게 익숙한 그림이 〈기도하는 손〉이다.

이 그림에는 위대한 사랑과 믿음이 깃든 아름다운 친구의 우정이 숨어 있다고 한다. 꾸며진 이야기라고도 하며 비록 사실로 증명이 되지는 않았지만 굉장히 아름다워서 믿고 싶은 스토리다. 1490년대 젊은 화가 뒤러와 그의 친구가 있었는데 그 둘은 절친한 친구 사이였다. 이 둘은 너무 가난했기에 생계를 위해 일을 하면서 틈나는 대로 그림을 그려야 했다. 하지만 얼마 지나지 않아 이들 둘은 두 가지 일을 동시에 할 수 없다는 것을 알게 되었다. 그래서 두 친구는 한 사람이 먼저 돈을 벌어 한 사람의 학비를 몰아주기로 합의를 한다. 그 결과 친구가 먼저 일하게 되고, 그의 뒷바라지로 뒤러는 학교에서 그림을 배우게 되었다. 뒤러는 유명한 화가 밑에서 공부하게 되었고, 친구는 학비를 마련하기 위해서 더욱 열심히 일했다. 그 결과 뒤러는 학교를 졸업해서 유명한 화가가 되었고 돈도 많이 벌게 되었다.

이제 역할을 바꾸어 자기가 친구를 미술학교에 보내기 위해 돌아왔다. 하지만 그는 뒤러를 위해 너무 오랫동안 희생하며 험한 육체노동을 한 나머지 손이 굳어서 더 이상 그림을 그릴 수가 없게 되었다. 그는 어쩔 수 없이 화가가 되는 꿈을 포기해야만 했던 것이다. 그러던 어느 날 친구를 만나러 간 뒤러는 창을 통해 그가 무릎을 꿇고 두 손을 모아 기도를 올리는 모습을 보았다. 그는 뒤러를 위해 간절히 기도하고 있었던 것이다.

"주님! 저의 손은 이미 일하다 굳어서 그림을 그리는 데는 못 쓰게 되었습니다. 내가 할 몫을 뒤러가 할 수 있도록 도와주시고 주님의 영광을 위해 참 아름다운 그림을 그릴 수 있게 하소서!"

마디마디 상처투성이의 손이지만, 자기를 위해서 희생하고 기도하고 있는 친구의 손을 바라보았다. 그 손이 자신을 위해 온갖 희생을 치른 사랑과 우정으로 뭉친 진정 감동적이고 아름다운 손이라고 생각했다. 오늘의 자신을 있게 한 세상에서 제일 아름다운 친구의 손을 그린 것이다. 이렇게 해서 뒤러의 유명한 작품 〈기도하는 손〉

이 탄생하게 되었다고 한다. 이 그림 속 손의 주인공은 수많은 사람들에게 감동을 준 손이기도 하다.

이 그림을 그리고 뒤러는 다음과 같은 말을 했다.

"기도하는 손이 가장 깨끗한 손이요, 가장 위대한 손이요, 기도하는 자리가 가장 큰 자리요, 가장 높은 자리다."

그렇기에 뒤러가 그린 손은 아름답게 가공하려는 어떤 의도도 없이 있는 그대로 진솔하게 표현되어 있다. 비록 거칠게 굳어진 손이지만 마주 잡은 손의 모습이 한 인간이 다른 이를 위해 간절히 기도하는 이타행의 모습을 반영하고 있다. 이런 뒤러의 〈기도하는 손〉에 담긴 일화가 사실이 아닐지라도 중요한 것은 기도가 의미하고 있는 진실한 가치와 능력을 이야기하고 있다고 생각된다.

두 손 모아 기도하는 그 신실함은 누구나 깊이 공감할 수 있는 감동적인 작품이기 때문이다. 간절히 바라면 이루어질 듯한 기도의 손을 보며 그의 손에 나의 기도를 덧붙여 보내고 싶다.

'감사와 희생의 손' 하면 나는 부모님의 손이 생각난다. 평생 자식을 위해 일한 손, 그 안타깝고도 아름다운 손은 지금 현재도 바쁘게 움직이고 있는 중이다.

종교를 떠나서 부모라면 누구나 자식을 위해 기도를 한다. 꼭 두 손 모아 드리는 기도가 아닐지라도 내 자식이 건강하기를 바라는 마음, 잘되기를 소망하는 마음, 바로 이런 간절함이 기도라고 느껴진다. 이제는 내가 부모님을 위해 기도할 차례다. 아무리 기도해도

다 갚지 못할 부모님의 은혜이지만 부모님과의 앞으로 허락된 시간 만큼은 후회 없이 보내리라 다짐한다.

사람이 세상을 떠나감과 동시에 내게 급격하게 변화한 게 있다 면 시간이 너무 너무 귀하게 느껴졌다는 것이다. 욕조에 가득 찼던 물이 마치 회오리치며 구멍 속으로 힘껏 빠져나가버리는 것만 같아 서 살아 있으면서도 초조해져만 갔다. 남은 사랑하는 사람마저 갑 자기 떠나갈 것 같은 불안감에 빨리 행동하고 뭐든 빨리 이루어야 할 것만 같은 생각만으로 가득했다.

내일이 보장된 사람이 없듯이 나의 사랑하는 사람들이 내 곁에 언제까지라도 머무르라는 법이 없음을 깨닫고 나는 이 삶을 진심을 다해 살아내야겠다고 생각했다.

최대한 내가 행복하게 내 삶을 살아가는 모습을 보여드리고자 나는 지금도 사력을 다해 살아내고 있는 중이다. 그렇다면 반대로 나는 부모로서 아이들에게 어떤 부모가 되어야 할 것인가. 내 부모 님이 나에게 단단한 등을 보여주었듯이 내가 해줄 수 있는 것은 아 이들의 가장 단단하고 낮은 땅이 되어주는 것이다. 살다 보면 나처 럼 길을 잃고 헤맬 때 어디로 가야 할지 망설일 때가 있을 것이다. 더 이상 밟아야 할 땅조차 눈앞에 보이지 않을 때 그때마다 내 아이 들이 밟고 올라설 수 있는 그런 낮은 땅이 되어주려 한다.

나는 죽을 때까지 내 삶을 사랑할 것이고 배움과 성장을 멈추지 않을 것이기에 아이들에게 공부하는 모습, 그리고 열정적으로 살아가는 모습을 충분히 보여줄 자신이 있다.

학교에서 배울 수 없는 삶의 지혜들을 엄마인 나를 통해 배울 수 있도록 삶의 표본이 되고자 한다. 무엇보다 내 아이들을 믿어줄 것이다.

부모는 활이고 자식은 화살이라고 했다. 화살이 과녁에 명중하기 위해서는 활의 정확도와 성공도가 결정적 역할을 한다. 안정된 자세에서 정확한 방향을 향해 화살을 힘껏 쏘았다 하더라도 그 순간 활이 흔들리면 화살이 제대로 날아갈 리 없다. 부모는 어떠한 상황에서도 흔들리지 않는 화살이 되어야 한다. 부모의 삶의 태도는 곧 자식의 삶의 태도를 결정짓는다. 멀리 날아간 화살일수록 역으로 그 화살을 날려 보낸 활은 많이 휘었다는 것을 의미한다. 부모의 허리가 휘면 휠수록 자식은 그만큼 멀리 나아간다는 뜻이다. 활은 휘어질수록 그 고통이 심하지만 오직 화살을 멀리 날려 보내기 위해 그 고통을 참고 견딘다고 한다.

부모라면 활의 구실을 제대로 함으로써 아이들이 곧게 나아갈 수 있도록 도와야 할 것이다. 나에게 활의 구실이란 앞서 말한 것처럼 먼저 삶의 표본이 되고, 아이들을 끝까지 믿어주는 것이다.

이것이 바로 내가 추구하는 사랑이다. 각자가 좋아하는 일, 주어진 일을 열정적으로 하며 후대에 한 획을 긋고 죽는 것만큼 의미 있는 삶이 또 있을까?

과거의 화가들이 혹독한 환경 속에서도 자신의 열정을 불태우며 강렬하게 살다 갔기 때문에 예술 문화가 발전하고 꽃 피울 수 있었다. 나도 이런 삶의 자세를 배워 내가 좋아하고 잘하는 일을 더욱 발전시켜 쓰임이 있는 필요한 존재가 되기를 원한다.

나의 그림만큼 강렬하게 그리고 내가 좋아하는 모든 것들을 사랑하며 선물 같은 삶을 살아내고 싶은 마음뿐이다. 무엇보다 삶을 기도하는 경건한 마음으로 살아가고 싶다.

고독은 삶을 살아갈 수 있는 힘

프리드리히 作, <안개 바다 위의 방랑자>

출처 : 저자가 그린 모작

〈안개 바다 위의 방랑자〉는 19세기 독일 낭만주의 화가 카스파 다비드 프리드리히(Caspar David Friedrich)의 작품이다. 이 그림은 자욱한 안개를 바라보는 한 남자의 뒷모습을 그린 작품이다. 안개는 맹렬하게 요동치는 파도처럼 산을 덮고 있고 남자의 뒷모습은 엄숙해 보이면서도 결연한 의지로 가득 차 있다. 포효하는 대자연에 맞서려는 듯 지팡이를 짚고 서 있는 남자의 뒷모습이 고독해 보인다. 마치 인생의 거센 물결같이 거칠고 사납게 위협하는 자연에 결코 물러서지 않겠다는 강한 집념과 투쟁의 정신으로 작품에 긴장감을 더해준다.

그는 자연을 지배하는 자가 아닌 언제라도 훌훌 털고 또 다른 길을 걷고자 하는 방랑자다. 이 작품의 주인공 프리드리히는 성장 과정에서 일어난 작고 큰 사건이 작품에 투과되었다고 설명하고 있다. 프리드리히는 어릴 적 남동생을 잃은 트라우마로 인해 오랜 시간 우울증을 앓았다고 한다. 그와 남동생이 함께 발트 해의 꽁꽁 언 호수에서 스케이트를 타다가 갑자기 얼음이 깨지면서 프리드리히가 물에 빠지는 일이 일어난다. 물에 빠진 형을 구하기 위해 동생이 뛰어들었지만 결국 동생은 목숨을 잃고 말았다고 한다. 동생이 죽는 모습을 곁에서 바라볼 수밖에 없었던 그는 이 일로 인해 어른이 되어서도 우울증에 시달렸으며, 자살을 기도하기도 했다. 이 같은 불운한 유년의 기억은 그의 일생에 차가운 우울과 적막감을 드리웠을 것이다. 하지만 우리에게 전해 내려오는 하나의 사건으로 그 사람의 성격과 삶을 단정지어버리기엔 조심스럽다는 생각이 든다. 그는 우울감을 가지고 살았을지언정 분명 행복한 때도 있었을 것이다.

"나는 자연을 완전히 보고 느낄 수 있기 위해서 홀로 있어야 한다. 내가 바로 나 자신이기 위해서 나는 나의 구름들 그리고 바위들과 하나가 되어야만 한다. 나는 자연과 대화하기 위해서 고독이 필요하다."

프리드리히의 이 말을 통해 오히려 그를 적막하다고 표현하는 것보다 정적이 있는 고요함이란 표현이 더 어울릴 법도 하다. 작품을 다시 보니 마치 산 정상에 서서 아래를 내려다보는 듯한 느낌이 시원하게 느껴지기도 한다. 무언가에 얽매이지 않은 과감하고 당찬 모습으로 보인다. 현재의 불편한 생각의 고리를 끊고 싶다면 사고와 시야가 트이는 새로운 환경을 적극 찾아가라는 메시지로 들린다.

힘들 때일수록 우리가 머물고 있는 현재보다 더 높은 위치로 올라가 자신의 상황을 객관적으로 바라볼 수 있는 힘이 중요하다. 이것을 '나의 축소화 과정'이라고 나름 정의했다.

현재 나를 너무 밀착해서 관찰하다 보면 고민이 더욱 극대화되는 것을 느낄 수 있다. 하지만 나에게서 멀어져 관찰하게 되면 나의 존재는 물론 내 안의 고민은 아주 작은 점에 불과해진다.

누구나 막상 자신에게 당면한 문제보다도 타인에게 더욱 긍정적인 조언을 해줄 수 있을 때가 있다. 그 이유는 문제를 안고 있는 당사자보다 우리는 그 사건과 떨어져서 객관적으로 바라볼 수 있는 눈이 있기 때문이다.

"인생은 가까이서 보면 비극이지만 멀리서 보면 희극이다"라는 말로 유명한 채플린의 말처럼 말이다. 먼 산 아래를 내려다보는 행위는 나의 인생을 희극의 관점으로 보기 위해 꼭 필요한 것이었다.

니체 또한 "대상과 얼마쯤 거리를 두고 바라보면 많은 것들이 생각보다 훨씬 더 소중하고 아름답다는 사실을 알게 된다"라고 했다. 고독할 때 우리는 좀 더 객관적으로 자기를 둘러싼 세계를 바라볼 수 있다.

'멀리서 바라보는 눈'은 편협한 시각에서 벗어나 세상에 대한 이해의 폭을 넓힐 수 있게 도와준다. 고독이야말로 자신의 내면을 들여다보고 주변을 새롭게 인식할 수 있는 '제2의 눈'이 되어준다는 뜻이다.

나 또한 고독할 때가 없지 않았다. 내가 잘한 것은 고독하다고 일부러 사람을 만나러 다니지 않았던 것이다. 나는 고독을 벗어나려 하기보다는 고독과 함께 할 방법을 찾으려고 노력했다. 고독의 힘과 가치를 믿었다. 텔레비전조차 보지 않았다. 주위에서는 세상 돌아가는 이야기는 알아야 하지 않겠냐는 걱정 어린 핀잔을 주었다. 아이를 잘 키우기 위해서는 부모가 세상 돌아가는 것을 알아야 한다는 설명은 그럴듯했다.

하지만 그 큰 세상보다도 내 안의 '나'라는 우주가 나에게는 훨씬 더 중요했다. 내 안의 내가 어떻게 돌아가는지도 모르는데 외부의 세상에 굳이 귀를 기울일 필요가 없다고 생각했다. 세상의 구성원인 '나' 자체가 튼튼해야 외부의 세상 또한 구할 수 있다고 생각한다.

내가 건강하지 못한데 하물며 이 세상의 문젯거리를 안아봤자 공포감과 저항만이 더 커질 뿐이었다. 시끌벅적한 세상은 잠시도 우리를 가만히 내버려두지 않는다. 나는 그런 세상을 떠나 차라리 고독 속으로 도피하는 편이 나았는지도 모른다.

고독 속에서 내가 더욱 성숙하고 괜찮은 사람으로 성장했고 내 삶에 대한 깊이 있는 성찰의 기회를 얻었다. 고독 속에서 내면의 힘을 키우는 특효약이 되었던 것이다. 고독은 반성과 성찰 그리고 깨달음의 과정 그 자체였다.

나의 고독의 시간은 혼자 카페에 들러 음악을 들으며 책을 읽고 커피를 마시는 것에서 출발했다. 그리고 글을 써보고 그림을 그리고 내가 기분이 좋아지는 행위들을 함으로써 내면을 바라보는 시도를 했다. 그렇게 기회를 주다 보니 나의 내면은 그동안 나에게 하고 싶었던 말들을 쏟아내었다. 나는 그 말을 온전히 들어주고 하고 싶었던 걸 해주느라 사람 만날 시간이 없었다. 그동안 내가 잠재웠던 나의 마음에게 보상을 해주기 위한 의식을 행하기 시작했다. 그러니 자연히 혼자 있는 시간이 늘어갔다. 혼자가 너무 즐거웠다. 혼자 있을 수 있다는 것은 참 건강하다는 생각이 든다.

　세상 일이 내 마음 같지 않을 때 문득 삶이 엉망진창인 것 같은 기분이 들 때가 있다. 사람들과 어울릴수록 고독감이 느껴질 때 삶을 재충전하고 회복력을 키워 세상 밖으로 다시 나서기 위해서는 혼자만의 시간이 꼭 필요하다 말하고 싶다. 가족관계에 있어서도 그리고 연인, 친구 등 어느 정도의 거리가 있어야 건강한 사이라는 것도 알게 되었다. 고슴도치는 서로 지나치게 붙어 있게 되면 서로의 가시로 상대방을 찌르게 된다. 그래서 고슴도치는 적절한 거리에 떨어져서 함께할 수 있는 법을 자연스럽게 터득한다. 우리 사람도 마찬가지다. 좋아해서 사랑해서 친해서 너무 가까이 붙어 있으려고 하면 서로의 가시가 상처가 될 수 있다. 상처받는 인간관계를 이겨내기 위해서 무작정 사람 사이에 들어가는 것이 아니라 잠시 혼자만의 시간을 가질 줄 알고 적절히 떨어져서 지낼 수 있어야 한다. 그게 바로 고독의 참된 의미다.

　작가 신기율 선생님은 《은둔의 즐거움》이라는 책에서 혼자 웅크리는 응축의 시간은 나를 성장시키는 시간의 힘이란 걸 강조했다. 은둔이라고 하면 자칫 아무도 찾지 못하는 곳에서 아무것도 하지 않고 웅크리고 있는 모습이 연상된다. 하지만 저자가 말하는 은둔의 진짜 의미는 자기 자신의 내면을 바로 바라보는 고요한 집중의 시간이라고 설명한다. 혼자 있을 때 즐거움을 느끼고 씨앗을 품는 눈부신 은둔의 시간으로 만들어보라고 권하고 있다. 자신만의 은둔을 위한 역할 전환의 시간과 마음출구를 만들어보라고 소개한다. 은둔은 그 시간을 어떻게 활용하느냐에 따라 때로는 불행을 건너는 다리가 되기도 하고, 삶의 역할을 바꿔주는 신비한 터널이나 나를 충전하고 위로해주는 안식처가 되기도 한다. 이때 느끼는 '혼자'라는 감정은 더 '건강한 고독'에 다가가게 한다. 건강한 고독은 내 삶의 면역을 키우는 가장 훌륭한 치료제기도 하다. 책에서는 어떤 일을 했을 때 가장 마음이 편안해지고 내가 치유될 수 있는지를 알려면 다양한 경험을 해봐야 한다고 전한다. 그리고 그 경험 속에서 자신의 마음 출구를 찾아야 하고 그렇게 찾아낸 마음 출구는 혼자 있는 시간을 즐겁게 만들어주는 좋은 친구가 되어줄 거라고도 말해준다. 고독을 통해 홀로 서기를 할 수 있고, 홀로 서야 함께일 수 있다.

발레리나 중에 독무를 출 수 있는 무용수를 '솔리스트'라고 부른다. 그런데 솔리스트보다 더 높은 단계가 있는데, 그것은 남자 무용수와 함께 춤을 출 수 있는 '프리마돈나'다. 프리마돈나는 솔리스트보다 더 높은 단계로서 굉장히 어렵다고 한다. 프리마돈나가 어려운 이유는 완전히 다른 남녀가 함께 호흡하며 합을 이루기 때문이다. 자신과 쓰는 근육의 형태도, 양도 다른 남성과 여성이 한 호흡으로 춤을 추기에 혼자 추는 것보다 훨씬 어려운 일이라고 한다. 자신을 통제하는 힘과 남을 배려하고 맞춰주는 힘을 모두 갖고 있어야 프리마돈나가 가능하다는 것이다. 인생도 이와 같다. 고독을 통해 성장했다는 것은 비로소 솔리스트라는 꿈을 이루었다는 뜻과 같다. 각자가 솔리스트처럼 홀로 설 수 있어야 비로소 함께가 가능하다. 이 말은 결혼, 연애를 포함해서 모든 인간관계에 해당되는 삶의 이치인 듯하다.

특히, 결혼이라는 것이 그렇다. 결혼은 남자와 여자가 함께 삶의 춤을 추는 프리마돈나와 같은 것이다. 결혼은 때가 되었다고 할 수 있는 게 아니라 솔리스트의 능력보다 더 출중한 능력을 가진 사람만이 할 수 있는 기적과도 같은 엄청난 일이다. 완전히 다른 남녀가 합을 이룬다는 것은 자신을 통제하는 힘과 상대를 배려하고 맞춰주는 힘이 있어야 하기 때문이다. 프리마돈나도 멋지지만 나는 삶의 솔리스트만 되어도 정말 훌륭하다고 생각된다. 프리마돈나가 훌륭한 것은 맞으나 모두가 프리마돈나는 아니기에 각자의 위치에서 노력하고 자신의 아름다움을 발견하는 삶도 무척 아름답다고 생각한다. 고독을 통해 사람이 홀로 설 수 있을 때 비로소 외롭지 않고 행복하게 살 수 있다는 의미가 중요하다. 나 또한 고독을 통해 내면이 아주 건강해졌듯이 자신이 외롭다고 생각되는 사람이 있다면 건강한 고독의 시간을 꼭 보내보라고 권하고 싶다. 고독이라는 선물이야말로 이 삶을 건강하게 살아갈 수 있는 특별한 힘이기 때문이다.

아름다운 인생은 얼굴에 남는다

비제 르 브룅 作, <딸 쥘리를 안고 있는 자화상>

출처 : 저자가 그린 모작

비제 르 브룅(Vigée Le Brun)은 18세기 프랑스 로코코 시대의 여성 화가다. 브룅은 그림 실력뿐 아니라 미모와 패션 감각, 사교성까지 뛰어나 상류층 고객들의 주문이 쇄도했다. 아무리 힘들고 까다로운 주문자라 할지라도 그녀는 상대의 기분을 좋게 만드는 재주가 있었다고 한다. 그녀에 대한 소문은 곧 왕비인 마리 앙투아네트의 귀에까지 들어갔고, 마침내 왕비의 초상화를 그리는 궁정 화가가 되었다. 브룅과 동갑내기였던 마리 앙투아네트 왕비는 그녀를 무척 좋아했고, 총애를 받게 된 것이다. 왕비뿐만 아니라 귀족들에게도 인기가 상당했다. 같은 여성으로서 모델들의 삶을 이해하고 공감했던 유일한 화가였기 때문이다.

그녀가 남긴 작품 대부분도 여성의 초상화가 많다. 브룅은 특유의 부드러움과 섬세함이 특징이다. 당시 18세기에는 사치스러울 정도로 화려한 로코코 양식이 유행했다. 브룅은 궁정의 후원을 받고 있었고, 절대적인 왕당파였다. 하지만 얼마 지나지 않아 그녀의 굴곡 있는 삶은 시작되고 만다. 마리 앙투아네트 왕비가 프랑스 혁명으로 처형당하게 된 것이다. 목숨이 위태로워지자 브룅은 망명을 선택할 수밖에 없었다. 이후 그녀는 전화위복으로 유럽 각지를 여행하며 이탈리아에서 거장들의 작품을 연구하는 큰 행운을 갖기도 했다.

마리 앙투아네트의 초상화를 그린 그녀의 뛰어난 그림 실력은 이미 곳곳에 소문이 나 있어 왕족과 귀족들에게 환영을 받았다. 로코코 풍의 화려한 색채와 탄탄한 묘사력이 강점인 그녀의 초상화는 고객들의 마음을 단박에 사로잡았다. 화가로서는 매우 성공한 삶이었다.

그녀의 그림 속 인물은 마치 살아 있는 듯 생기가 넘쳤다. 한창 잘 나가던 31세 무렵, 브룅은 딸 쥘리를 안고 있는 자화상을 그렸다. 엄마 품에 꼭 안긴 어린 딸을 두 손으로 다정하게 감싸고 있는 모습이다. 따뜻한 모성애가 느껴지는 밝고 아름다운 초상화지만, 이 그림이 살롱전에 처음 공개됐을 때는 큰 논란을 빚었다고 한다. 동료 화가들은 물론 비평가와 후원자들도 비난을 퍼부었다고 한다. 이유는 단 하나, 감히 여자가 이를 드러내고 웃고 있었기 때문일 것이라고 추측된다. 그 당시 입을 벌리고 웃는다는 건 정숙하지 못하다는 의미였을 것이라고 추측된다. 특히 상류층 여성의 초상화에서는 있을 수 없는 일이었고, 미술의 전통을 깨는 발칙한 행위였을 것이다. 하지만 혹평과 비난에도 불구하고 브룅의 의지는 굳건했다. 3년 후에 그린 거의 비슷한 구도의 모녀 초상화에서는 자신은 물론 딸까지 하얀 이를 드러내는 모습으로 묘사하기까지 했다.

브룅의 작품은 모두 화려하고 감각적이면서 우아해, 보는 이로 하여금 매료될 수밖에 없다. 당시 여자가 웃으면 정숙하지 못하다고 비난받았던 시대에 이를 당당히 드러내는 그림을 그려낸, 자신의 감정에 충실한 브룅이어서 더욱 좋은 느낌을 받았다. 브룅은 알고 있었을까. 인간의 존엄함은 바로 아름다운 미소에서 비롯된다는 것을 말이다. 생기를 가진 모든 살아 있음은 존엄하다. 특히 인간은 살아 있는 모든 생명 중에 미소 지을 수 있는 유일한 생명체다.

인간의 미소는 그 어떤 것으로도 대체 불가능하다. 인간만의 고유한 아름다움을 발견했을 브룅은 세상에서 가장 존귀한 인간의 모습을 그대로 그림에 담고 싶었던 것 같다. 그녀의 그림을 보고 있으면 자연히 미소 짓게 되고 행복한 마음이 든다. 지금 당장 미소 짓고 싶은 사람이 있다면 브룅의 작품을 감상하길 추천한다.

우리의 마음 상태는 어떤 것을 보고 무엇을 느끼느냐에 따라 달라진다. 따뜻한 그림은 분명 우리 마음을 따뜻한 온실 속으로 안내해줄 것이다. 생각보다 뇌는 단순해서 미소만 지어도 진짜 웃을 때 나오는 호르몬이 나와 기분이 좋아진다고 한다. 상대방의 밝은 웃음을 보고 자신도 기분이 좋아지는 걸 경험해봤을 것이다. 웃는 얼굴은 상대방도 함께 웃게 만드는 기분 좋은 행복 바이러스다. 그렇다면 이 미소의 근원지인 얼굴은 무엇일까. 얼은 마음과 영혼이라는 뜻이고, 굴은 통로라는 뜻이다. 즉, 얼굴 표정은 감정을 전달하는 감정배관이 되는 셈이다. 감정의 배관은 우리 마음의 상태에 따라 달라진다. 그래서 사람의 얼굴 표정은 실로 변화무쌍하다. 사람의 얼굴은 거짓말을 하지 못해서 친절을 베푸는 사람들의 얼굴에는 친절이 묻어 있고, 감사를 느끼는 사람들의 얼굴엔 감사가 묻어 있다. 슬픔을 가진 사람의 얼굴엔 슬픔이, 그리고 행복한 사람의 얼굴엔 행복이 담겨 있다.

나를 처음 만나는 사람들은 마치 살면서 한 번도 험한 일을 겪지 않았을 거라는 생각이 들 정도로 밝아 보인다고 말한다. 늘 웃고 있고, 행복한 사람처럼 보이기 때문이다. 하지만 나는 살아오면서 가장 끔찍한 경험을 했고, 그럼에도 불구하고 내가 겪은 일이란 인간이라면 누구에게나 일어날 수 있는 일이었음을 인정하기 시작했다. 행복의 출발은 받아들임과 인정이었다. 꽤 오랜 시간이 걸려서야 행복이란 조건이 아닌 선택이라는 것을 알게 되었다. 나는 어리석은 얕은 생각으로 나의 행복은 주변의 환경이나 가족에 의해 변한다고 생각했던 적이 있었다. 그래서 환경이 나의 행복을 쥐락펴락할 수밖에 없었고, 뜻대로 되지 않을 때는 늘 원망을 달고 살았다. 가진 것에 대한 감사가 무엇인지 그리고 비교와 불만을 늘 품에 안고 살았다. 하지만 나는 어느 순간, 모든 것을 바꾸기로 마음먹었다. 행복을 선택하기로 의도적으로 결정하고 그것을 실천하려고 노력했다.

의식적으로라도 긍정적인 사고를 하는 법을 배웠다. 가장 먼저 해야 할 것은 나 자신을 불쌍히 여기지 않는 것이었다. 그렇게 하지 않는다면 그저 멍하니 앉아 악마가 가져다주는 먹이만 받아먹어야 할 게 뻔했으니 말이다. 다음은 내가 살아 있다는 것에 대한 감사였다. 내가 살아 있는 분명한 이유가 있을 거라 믿었고 하루하루가 선물이라는 사실을 늘 상기시켰다. 이러한 마음가짐의 변화는 행복을 선택하는 데 도움이 되었다. 고통스러운 마음을 곱씹어 생각하는 것보다 몇 천 배의 효과가 나타났다.

삶은 살아 있다는 것 그 자체가 아름다운 선물이었다. 내가 겪은 가장 힘겹고 고통스러운 경험으로 인해 나는 결코 삶을 가벼이 여길 수가 없었다. 그리고 알게 되었다. 소중한 누군가를 잃으면 눈물은 흐르지만 그들과 함께했던 시간이 주는 기쁨은 영원하다는 사실도 알았다. 어려움과 곤경이 없는 삶은 드물지만 그럼에도 불구하고 행복의 선택권은 전적으로 자신에게 있다. 요즘은 긍정적인 태도로 매일매일 일어나 행복한 감정에 집중하며 거울을 보며 웃는 것으로 하루를 시작한다. 삶을 스스로 결정할 수 있다는 확신을 갖는다. 내게 주어진 것들에서 행복을 찾고 삶을 대하는 긍정적인 태도는 인생은 짧다는 사실을 깨달아야 얻을 수 있는 선물이었다. 삶은 선물이라는 인생관을 일상의 습관으로 만들려고 노력했다.

문제의 인식은 곧 변화의 시작이며, 삶을 헤쳐나갈 수 있는 기회라는 것을 증명해주는 아주 불가사의한 실화가 하나 있다. 《어른을 위한 인생수업》에서 들려주는 이야기다.

1955년, 태국 방콕에서 도시 보수로 사원을 옮기던 때의 일이다. '왓 트라이밋'이라는 사원 안에는 석회 반죽으로 된 거대한 불상이 있었다. 무려 4미터 높이에, 너비는 3미터에 달하는 좌불상이었는데 오랫동안 얇은 철판 지붕 아래에 놓여 있어 보관 상태가 좋지 않았다. 옮기려면 엄청난 힘이 필요해 보였다. 아니나 다를까, 일꾼들이 불상을 들어 올리는 순간, 표면이 갈라지기 시작했다. 사원의 주지승은 불상이 더 손상될까 두려워 작업을 중단시켰다.

그날 밤, 비가 아주 많이 내렸는데 주지승은 잠이 오지 않아 손전등을 들고 나가 불상을 살펴보았다. 불상 표면의 틈새는 갈라지고 있었고 석회 반죽 덩어리까지 떨어져 내렸다. 그런데 표면이 갈라진 불상 내부에서는 놀라운 일이 벌어지고 있었다. 오랜 기간 불상을 감싸고 있던 낡은 석회반죽이 갈라지면서 비로소 황금 불상의 모습이 나타난 것이다. 태국의 3대 국보 중 하나이자 세계에서 가장 큰 황금 불상은 이렇게 발견되었다. 불상은 무게가 무려 5.5톤에 달하고 몸과 머리와 상투 부분은 순도 40, 80, 90퍼센트의 황금으로 이루어져 있다. 이 불상은 석회반죽에 싸인 상태로 최소 200년을 지나온 것으로 추정되고 있다. 주지승은 석회 반죽 조각 사이에서 특수 제작된 열쇠 하나를 발견한다. 열쇠를 이용해 불상을 9등분할 수 있었는데, 이것은 아마도 이동을 편하게 하려고 만든 것으로 보인다. 불상의 제작자가 얼마나 꼼꼼하게 제작했는지 알 수 있다. 아마도 미얀마의 침공과 불상 파괴를 방지하기 위해 승려들이 불상을 지키기 위한 방법이었을 것이다. 지킬 방법을 고민하다가 황금불상을 석회로 뒤덮어 점토 불상으로 보이게 만들었다는 영화 같은 이야기가 인상적이었다.

이 이야기는 낡은 석회 사이로 벌어진 틈을 용감하게 파내다 보면 나의 상처 안에 숨겨진 커다란 힘을 발견할 수 있다는 가르침으로 연결된다. 마치 우리가 상처를 입고 난 후 나를 다시 발견해가는 과정과도 매우 흡사한 이야기였다. 나 역시 그동안 점토로 뒤덮인 내 모습이 진짜인 줄 알고 살았다. 하지만 내가 겪은 사건으로 인해 내 안에 더욱 강인하고 빛나는 본질의 내가 있었다는 것을 알고 난 후 내 삶은 180도 달라졌다. 긍정적인 변화를 일으켰으며, 모든 것에 감사하는 마음이 깃들었다. 내가 이 세상에 존재하는 것에는 분명한 계획과 목적이 있다는 사실도 믿게 되었다. 그 사실을 믿는 것만으로도 목적을 계속해서 찾게 되었고, 도전하게 되었다. 그것은 곧 나를 변화시키는 계기가 되었다. 현재 나의 얼굴에 묻어나는 행복은 아름다움을 만들어가고 있는 중이다. 이 행복은 내가 직접 고른 선물이다.

아름다운 인생은 얼굴에 남는다고 한다. 아름다운 인생이란 바로 진짜 나를 발견하고 자신의 소명을 찾아 내가 존재하는 이유와 목적을 달성하며 살아가는 선한 삶이라고 생각한다. 삶을 아름답고 긍정적으로 바라보는 눈은 자연히 아름다운 미소로 연결된다. 사람의 얼굴은 아름다운 마음과 수행으로 가꾼 투명하고 맑은 얼굴로 하나의 풍경을 이루기 때문이다. 순간순간 인생의 흐름을 놓치지 않고 마음의 뜰을 가꾸고 길들이면 어느 날 거울 속에서 아름다운 얼굴 하나를 발견하게 될 것이다. 긍정적인 미소로 더욱 빛나고 아름다운 인생을 위해 나는 오늘도 기쁘게 살아가려고 한다. 우리는 누구나 황금열쇠를 하나씩 품고 살아간다. 무거운 자신을 움직일 수 있는 오직 하나, 그 황금열쇠를 꼭 발견해서 아름다운 인생의 퍼즐을 맞출 수 있게 되기를 염원한다. 그리고 정말 아름다운 인생이었노라 얼굴에 그대로 남기고 떠나는 멋진 삶이 되기를 소망한다.

언제나 흐르는 강물처럼

뭉크 作, <여름밤, 해변가의 잉거>

출처 : 저자가 그린 모작

뭉크의 작품인 〈여름밤, 해변가의 잉거〉의 주인공인 잉거는 뭉크의 가족 중 가장 오랜 산 여동생인데, 뭉크가 자주 모델로 삼았다. 뭉크의 가족사는 유명하다. 5살 때 어머니를 결핵으로 잃고, 9년 후에 누나가 같은 병으로 죽고 말았다. 그는 일기장에 자신의 삶은 늘 죽은 사람들과 함께였다고 썼을 만큼, 죽음은 뭉크에게 중요한 주제가 되었다.

잉거의 초상화가 제작되던 해에 뭉크는 오슬로 근처의 피요르드 끄트머리에 위치한 작은 마을 아스고르트스트란드에 있는 작은 집을 빌려 살았는데, 그 마을은 그가 1888년부터 정기적으로 방문했던 곳이었다고 한다. 이곳은 많은 오슬로 지식인들과 예술가들에게 여름 휴양지 역할을 했다. 북유럽 특유의 서늘한 여름 기후를 색상으로 실감 나게 표현하며 뭉크가 색을 다루는 감각이 탁월했음을 보여주는 작품이다.

바닷가에 늘어선 커다란 바위들 사이에 여인이 앉아 있다. 편안한 복장이 아닌 것 보니 여행을 왔나 보다. 모자를 벗고 잠시 휴식을 취하는 모습은 어떤 생각에 잠긴 듯 보인다. 우리는 흔히 가슴이 답답하거나 생각이 많아질 때 종종 탁 트인 바다에 가고 싶다. 때로는 공간을 바꿔줌으로써 생각의 환기가 된다는 것을 본능적으로 알기 때문일까. 시야가 트인 새로운 곳에서 먼 바다를 바라보다 보면 나 자신과 현재 상황을 바라볼 수 있다.

쉬지 않고 넘실대는 바닷물과 주기적인 파도를 관찰하다 보면 어느새 자연스럽게 생각의 고리가 끊어진다. 모든 고뇌를 실어 날라 넓고 고요한 물가로 던지는 상상을 해본다. 뭉크의 이 작품을 보고 있으면 어느새 나 역시 과거로 돌아가게 된다. 이런저런 상념의 물줄기를 따라가다 보면 다시금 과거의 아픔과 마주치곤 한다.

뭉크는 일기장에 "여자들이 뜨개질을 하고, 남자들이 책을 읽고 있는 풍경을 그리는 실내화의 의미를 찾지 못하겠다. 내 그림은 숨을 쉬고, 느끼고, 괴로워하고, 사랑하면서, 살아 있는 인간이어야 한다. 내 작품을 보는 사람은 신성함과 높은 전신세계를 이해하게 될 것이며, 교회에서처럼 모자를 벗게 될 것이다"라고 기록하기도 했다.

어쩌면 예술은 우리의 아픔과 상처를 직면하게 해줌과 동시에 마음을 정리하고 비워내는 연습을 시켜주는지도 모른다. 심리학자 융(Carl Gustav Jung)과 프로이트(Sigmund Freud)는 억눌려 있는 내 안의 또 다른 나를 '그림자'라고 표현하며 "누구나 성인이 되면 자기 내면의 그림자를 들여다보기 시작해야 한다"고 말한다. 그림자의 또 다른 이름을 '내면의 목소리'라고도 한다.

자신의 마음속의 그림자를 돌볼 줄 안다는 것은 행복한 이들의 특징이다. 나의 그림자를 수용하고 나에 대해 긍정할 때만이 사람들과 소통할 수 있는 기회 또한 확대된다. 나는 좀 더 확대되는 삶을 살아가기 위한 도구로서 독서를 선택했다. 독서를 통해 의식이 점점 성장했고 삶을 긍정적으로 바라보는 눈이 생기기 시작했다.

다른 사람의 이야기를 통해 나의 생각과 느낌을 정립시켜나갔다.

추사 김정희는 한 권의 책을 읽을 때마다, 인생의 스승을 한 명씩 만난다고 표현했다. 조선 최고의 명필로 이름을 남긴 추사 김정희는 붓글씨뿐 아니라 감상, 문장력까지 뛰어난 천재 중의 천재였다. 추사 김정희는 '세한도'라는 조선 최고의 문인화로 평가받는 인물이다. 그는 춥고 어두운 유배지 시절을 보냈는데, 그 힘든 시기에 어렵게 구한 귀한 책을 유배지로 보내준 제자 이상적에게 고마운 마음과 아무것도 해줄 수 없는 자신의 처지를 안타깝게 생각하고 답신으로 '세한도'라는 그림을 제작했던 것이다. '세한(歲寒)'은 한겨울에도 변치 않는 푸르름을 뜻했다. 김정희는 자신의 처지와 겨울에도 늘 푸른 소나무를 비유하며 이상적의 의리를 칭찬하는 내용의 글을 썼다. 제주로 유배를 떠난 김정희에게 '책'이란 탐구의 영역을 뛰어넘어 상실에 대한 위안이자 자신의 정체성이기도 했다. 오늘날과 달리 조선시대 때는 책 수량이 정해져 있어서 구하기도 매우 어려웠다고 한다. 하지만 그를 위해 이상적은 여러 해에 걸쳐 청나라의 서적과 서화를 수집하고 보내준 것이다. 어렵게 구한 120여 권의 서적을 권세 있는 사람 대신 유배 중인 김정희에게 보내준 그의 우정이 뜨거운 감동으로 다가온다.

공자가 "겨울이 되어 소나무와 잣나무가 시들지 않는다"는 사실을 알게 되었듯이, 세한도란 김정희 자신도 어려운 지경이 되어서야 진정한 친구의 의미를 알게 되었다는 의미로 그려진 귀한 그림이라고 한다. 그 옛날 조선 후기에 스승과 제자 사이에 이토록 인간적인 교류가 있었다니 이 시대에 듣는 나에게도 훈훈함이 전해지는 것 같다. 김정희의 세한도에 얽힌 사연을 깊이 생각해보며, 가장 힘들고 어려울 때 우리는 소중한 것을 깨닫게 된다. 나의 세한은 언제였는지, 나에게 이상적과 같은 벗이 있었는지 말이다.

"모진 바람이 불 때라야 강한 풀을 알 수 있다(질풍지경초, 疾風知勁草)"라는 글귀처럼 어렵고 위험한 처지를 겪어봐야 인간의 진가를 알 수 있는가 보다. 아리스토텔레스는 "불행은 누가 친구가 아닌지를 보여준다"고 했다. 인디언들도 친구를 가리켜 "내 슬픔을 등에 지고 가는 자"라고 했다. 내가 생각하는 친구란 등에 진 짐은 각자 짊어지되, 대신 나의 노력하는 모습과 나아지는 모습을 그들에게 보여주며 선한 영향력을 끼치는 사람이 되는 것이다. 부담을 주는 친구 관계는 원하지 않기 때문이다. 그래서 지금껏 한 번도 나의 짐을 져달라고 한 적이 없다. 나의 가치관 대로 공부를 통해 점점 성장해가는 모습을 꾸준히 보여주는 것으로 대신했다. 그 모습은 서로에게 더욱 건강한 관계를 유지시켜주었다.

추사 김정희는 되읽고 싶은 책을 단 한 권이라도 챙기고 있는 사람은 외롭지 않다고 했다. 웅덩이에 물이 고여야 흐르는 것처럼, 빈자리가 메워져야 넘쳐흐른다. 나는 김정희의 "가슴 속에 만 권의 책이 들어 있어야 그것이 흘러넘쳐서 글씨와 그림이 된다"는 말을 좋아한다. 나는 여기서 힌트를 얻어 독서를 선택했다. 독서를 통해 나를 둘러싼 어두운 울타리에서 조금씩 벗어날 수 있게 되었다.

　내가 있는 숲을 제대로 보기 위해서는 숲에서 나와야 한다. 내가 숲속에 있을 때는 숲의 모습을 볼 수 없는 것처럼, 한곳에 익숙해질수록 내가 그곳에서 어떤 모습을 하고 있는지 객관적으로 바라볼 수 없게 되기 때문이다. 독서는 나를 어디든 데려다 놓는 최고의 이동 수단이었다. 나는 변하지 않고 우뚝 서 있는 사람이 아닌 늘 흐르는 사람이 되고 싶었다. 현실에 안주할 수 없는 어쩔 수 없는 상황이기도 했지만 확실히 나는 순환하는 삶을 갈구하고 있었다. 순환하는 삶은 늘 새롭다. 단지 지금 여기가 나의 끝이라고 생각하지 않고 할 만큼 했다고 멈추고 안주하고 싶지도 않다. 오히려 도전하고, 한 걸음 더 나아가고, 매일 조금씩 나아지고 발전하는 삶을 살고 싶다.

　새로운 것을 시도하고 배우고 나를 더 갈고 닦아 고여 있지 않기 위해 애를 쓰며 살고 있다. 한겨울 수돗물의 동파 방지를 위한 방법과도 유사하다. 한겨울 동파 방지를 위해서는 평소에 수돗물을 살짝 틀어놓는다고 한다. 흐르는 물은 기온이 내려가도 잘 얼지 않는 성질을 가지고 있기 때문이다. 우리의 삶도 이와 같지 않을까. 평소에 좋아하는 일을 하고, 꾸준히 하는 것이 삶의 수돗물을 틀어놓는 방법이라고 생각한다. 나에게 삶의 수돗물이란 어떤 것이었을까. 아마도 평소 가장 즐겨 찾았던 커피와 독서의 영역이라고 생각된다.

돌아보면, 내 삶이 추구하는 가치는 안정이 아닌 도전에 있었다. 늘 성장하는 삶을 추구하며 살다 보니, 과거에 절대적 지지가 필요했지만 도움을 받지 못했던 나 자신에게 위로의 말도 스스로 건넬 줄 아는 성숙한 사람이 되었다. 내가 먼저 성장해야 다른 사람에게도 꼭 필요한 도움을 줄 수 있다는 걸 알게 되었다. 원초적으로 도움이 필요한 나 자신을 먼저 도운 후 다른 누군가를 도와야 적정한 거리 또한 유지할 수 있게 될 것이다. 정서적으로 건강한 사람만이 주변 사람의 도움도 기꺼이 받을 줄 알게 된다는 것도 알게 되었다. 아직은 부족하지만 건강한 의식의 흐름을 반복하다 보면 분명 더 좋아질 거라고 나는 믿는다.

즐거움과 행복은 흐르는 강물처럼 한곳에 머무르지 않고 반드시 주위로 흐르기 마련이다. 나라는 사람이 건강한 생각으로 늘 흐른다면 누군가에게 분명 도움을 주며 살아갈 수 있지 않을까. 이제는 나도 도움을 받고, 또 도움을 주고, 그렇게 살아갔으면 좋겠다. 흐르는 강물처럼 맑고 건강하게!

어떻게 살아야 할 것인가

루소 作, <잠자는 집시>　　　출처 : 저자가 그린 모작

앙리 루소의 〈잠자는 집시〉는 동화적인 상상력에 어린아이 같은 순수함이 깃들어 있는 루소의 초기 걸작이다. 분명 사막 같은데, 호수와 잇닿은 물가, 달이 높이 뜬 한밤중인데도 어둡지 않고 푸르기만 한 하늘이다. 엉뚱한 사자의 출몰과 만돌린 악기 하나를 달랑 들고 태평하게 누워 있는 여인의 모습은 시적인 묘한 분위기를 자아낸다. 이 지구 어디에 저런 곳이 있을지 짐작도 가지 않는 이상한 공간이다. 사막과는 어울리지 않는 사자 한 마리가 여인의 잠든 머리 위를, 코를 킁킁대며 탐색하고 있다.

세상에 이처럼 평화롭고 신비하고 천진난만한 그림이 또 있을까? 어떻게 보면 맹수인데도 심각하기는커녕 유머러스하고 잠든 여인의 평온한 모습과 호기심이 발동한 사자의 대비되는 구도는 은근 귀엽기까지 하다. 이런 이상하고 어처구니없는 그림이 왜 우리에게 위안과 평온을 선사하는 것일까? 그림 속 장면들은 하나부터 열까지 우리가 알고 있는 상식을 무너뜨리는 설정이다. 루소의 그림의 특징은 바로 이런 것이다. 우리가 당연시한 지식과 기법, 판단과 인식을 가차 없이 혁파시켰다. 날것 그대로의 감각으로 인위적인 의도의 개입을 없앴다. 그래서인지 원초적인 에너지와 영혼과 교감하려는 직관력이 작품에서 느껴진다.

만돌린 옆의 호리병은 물 대신 하늘에 반짝이는 별들을 담고 싶은 듯 보인다. 목적지가 어디인지는 모르나 하루 종일 걷느라 피곤에 지쳤을 여인이 아침이 되면 밤새 충전된 만돌린과 호리병을 옆에 끼고 인생이란 여로를 씩씩하게 걸어갔으면 좋겠다. 밤새 여인을 지켜준 사자가 다음 날도 동행해주길 바라는 마음이다. 소녀가 끝없는 사막을 걸어가는데 외롭지 않도록 말이다.

우리도 살다 보면 스스로 건너야 하는 자신만의 사막과 광야가 있을 것이다. 그곳을 어떻게 건너야 하는가 하는 문제만이 평생 남아 있을 뿐이다. 나는 아이들과 부모님이라는 보이지 않는 사막을 건너고 있는 중이다. 어떻게 보면 내 인생의 숙제 같은 것이다. 밤새도록 집시 여인을 든든하게 지켜줄 것 같은 사자의 존재는 마치 나의 결핍의 대상인 든든한 보호자처럼 느껴진다. 내 마음이 그림 안에 그대로 투영되어 나에게 말을 건다. 마음을 조용히 터치하는 그림을 볼 때면 가끔씩 사무치는 마음이 들 때가 있다. 그럴 때 보면 인간은 참 욕심이 많고 채워지지 않는 마음은 정말 끝이 없다는 생각이 든다. 이렇게 내가 가진 것이 많은데도 불구하고 하나의 아픈 빈자리는 질기도록 나를 아프게 하기 때문이다.

하지만 사막에는 오아시스가 있듯이 누구의 인생에나 오아시스가 있기 마련이다. 고통과 슬픔이 존재하면서도 반면에 기쁨과 휴식 또한 존재하기 때문이다. 더욱 놀라운 것은 나만 사막에 있는 것이 아니며, 말로는 설명할 수 없을 정도로 큰 상처를 보듬고 견뎌내야 하는 사람들이 세상에는 많다는 사실이다. 세상에는 이토록 고통 받는 사람들이 많지만 아무리 그래도 원래 내 손톱 밑에 박힌 가시가 가장 아픈 법이다. 짊어진 고통의 크기는 각자 다르지만 결국은 손톱 및 가시의 고통을 진짜로 알아주는 사람은 이 세상에 단 한 사람, 자신밖에 없다는 사실만이 존재한다. 그렇기에 해결할 수 있는 열쇠를 거머쥔 사람도 자신뿐이다. 이 차가운 진리는 인간을 참 외롭게 한다.

내가 변해야 한다. 중요한 것은 인생의 어느 지점에 서 있든 그곳은 내가 마땅히 내 두 발로 서 있어야 할 곳이었고, 동시에 잠시 지나가는 곳이기도 했다. 처음에는 혼자 걷는 이 사막이 두렵고 벗어나려고 몸부림도 쳐봤지만 지금 생각해보면 그 두려움은 마치 가짜 방지턱과 같은 것이었다. 가까이 가기 전까지는 분명 방지턱이라 생각하고 지레 겁먹고 천천히 다가가지만 막상 겪고 나면 마치 눈속임처럼 아무 일도 아니었다는 것을 알게 된다. 이처럼 사막 같은 인생에는 두려움이라는 신기루도 분명 존재한다. 그렇기 때문에 순간순간 마주치는 신기루에 좌절하고 흔들릴 이유도 없는 것이다. 우리를 절망에 빠뜨리는 이 신기루는 계획대로 되지 않는 삶에 비유할 수 있다. 특히 그럴 때에는 넉넉하고도 유연한 사고를 필요로 한다. 즉, 삶을 계획대로 하지 못했을 때 유연하게 되받아치는 여유가 있어야 한다는 말이다. 그래야 또 다른 문이 열리기 때문이다. 다른 건 몰라도 사람이 죽고 사는 문제에 있어서는 인간이 절대 여유를 갖기가 어렵다는 것을 경험해봐서 안다. 그야말로 인생에서의 위기를 경험하고 나서부터는 생각보다 죽음이 아주 가까이에 있다는 것을 염두하며 살았다.

사람들은 젊으면 젊을수록 대부분 죽음이라는 단어를 경계하면서도 금기시하는 경향이 있다. 나 또한 그랬다. 하지만 꺼지지 않을 것만 같았던 생명을 한순간에 잃는 것을 직접 목격한 이후로는 죽음을 생각하지 않을 수 없었다. 어떠한 관계맺음도 결코 영원하지 않다는 것을 안 이후로는 삶을 가볍게 생각할 수 없게 되었다. 살아 있음이 더없이 소중하다는 것을 알아버렸는데, 아직도 다투시는 부모님이 한때는 밉고 원망스럽기까지 했다. 그럴 때면 나의 상처가 더 깊어지는 느낌에 절망적인 순간에는 참 많이도 아팠다. 딸인 내가 이렇게 마음이 불안하고 아픈데 나를 사랑하는 부모라면 내 마음이라도 편하게 해줘야 하는 것이 아닌가라는 생각에 모든 화살을 부모에게 돌렸었다.

그때 느꼈다. 나의 아픔은 나만이 해결할 수 있는 문제라는 것을 말이다. 아픈 나를 돌보아주지 않는 사람들에 대한 원망으로 에너지를 쏟을 시간에 내가 나를 직접 돌보기로 마음을 고쳐먹은 것이다. 그때부터 나는 나를 살리는 인생의 해설서를 다시 쓰기 시작했다. 우리는 어려서부터 자신의 부모가 사는 모습, 그리고 부모가 자기를 대하는 모습을 수십 년간 봐왔다. 이것은 한 사람의 자존감을 형성한다고 한다. 봐왔던 그대로 자기 자신을 대하고 나 자신에 대한 감각이나 소중함이 거기에서 비롯된다. 이것을 벗어나기란 쉽지 않다.

하지만 부모에게 그것을 받지 못했다고 평생 부모를 원망하며 살 필요는 없다고 한다. 자존감도 배울 수 있다. 우리는 이미 좋은 것들을 받았음에도 나쁜 것만 기억하려고 하는 특징이 있다. 특히 인간은 좋은 일보다는 충격과 아픔, 그리고 힘듦을 더 많이 기억하려는 습성이 있다. 그리고 그걸 가지고 계속 과거를 원망한다. 하지만 어느 순간 깨달았다. 이미 지나간 시간을 원망하기에는 내 삶은 너무 소중하다는 것과 누군가가 내 마음을 만져주고 치유해주는 것이 아닌 내가 스스로 힘을 키워야 한다는 것을 깨달았다.

그러면서 자연스럽게 부모님에 대한 묵상도 함께 시작되었다. 부모님의 젊은 과거로 돌아가 그들의 삶을 지금 어른이 된 나의 눈으로 바라보기 시작했다. 지금의 내 나이 또래의 젊은 엄마는 정말 열심히 살고 있구나, 애를 쓰고 있구나, 알아주는 사람 없이 얼마나 외로웠을까 생각할 수 있게 되었고, 달려가서 말동무라도 해주고 싶었다. 친구가 되어주고 싶었다. 이와 같은 마음이 물밀듯이 밀려들면서 부모님에 대한 원망을 스스로 해제시키고 나름 용서하고 싶은 마음이 들었다. 무겁게만 느껴졌던 용서란 단어는 대단한 것이 아니었다. 타인의 입장이 되어 진심으로 그들을 이해했을 때 드는 마음이 바로 용서라는 단어였다. 내 인생의 고난을 통해 과거를 곱씹게 되면서 부모님에 대한 원망과 불평이 먼저 들었던 것은 사실이었지만 너무 감사했던 것은 고통의 끝에는 감사가 기다리고 있었다는 사실이었다. 부모님의 젊은 시절을 사랑하게 되면서 그들의 애씀을 먹고 자란 내가 할 수 있는 것은 많이 웃는 것이라는 생각이 들었다. 왜냐하면 나에게는 나를 보고 자라는 자녀가 있기 때문이다. 이 아이들이 성장하면서 언젠가는 인생의 고난이 찾아올 때가 분명 있을 것이다. 나도 그랬듯이 사람이 힘들어지면 본능적으로 자라온 과정을 곱씹게 된다. 그랬을 때 내 자녀들도 자신의 성장 과정을 곱씹게 될 텐데, 그들의 기억 속에는 엄마인 내가 환하게 웃고 있어야 하지 않겠는가.

나는 부모님의 애씀을 먹고 자랐다면 내 아이들은 엄마의 웃음을 먹고 자랐으면 한다. 엄마의 환한 미소를 생각하면 그들에게 힘이 불끈 솟는 그런 에너지를 줄 수 있는 어른이 되고 싶다. 웃는 데는 돈이 들지 않는다. 돈이 들지도 않지만 웃으면 행복해지기까지 한다. 이렇게 값싼 행복이 세상 어디 또 있을까. 나의 밝은 웃음을 먹고 자란 아이들은 분명 밝은 인생을 살아가리라고 확신한다.

시골에 오리, 닭과 같은 농장에서 볼 수 있는 여러 종류의 가축들이 있는데, 어느 날은 오리 두세 마리를 따로 떼어놓을 때가 있다. 그 말은 몇 주 안에 저녁식사로 오리 요리가 나온다는 뜻이다. 오리 요리를 위해 몇 주간 떼어낸 이유는 오리들의 식단을 바꿔줘야 하기 때문이라고 한다. 왜냐하면 시골에는 물고기가 아주 많았기 때문에 물고기 사료로 오리들을 키우다 보니, 오리들은 살이 찌고 건강했지만 바로 요리해먹기에는 너무 맛이 없다고 한다. 그래서 따로 떼어놓고 곡물, 옥수수 등으로 배부르게 계속 먹여야 한다. 그렇게 10일 정도를 먹이고 나면 오리의 몸 전체가 변한다. 그때 요리를 하면 우유로 키운 오리 맛이 난다. 하지만 간혹 이런 과정을 잊었을 때는 바로 요리를 해서 먹을 수 없을 정도로 물고기 맛이 난다고 한다.

이 오리들에게 했던 것처럼 나도 내 아이들에게 그리고 나의 제자들에게, 나를 아는 모든 사람들에게 웃음의 향이 퍼져나가는 그런 삶을 선물하고 싶다. 나 또한 이러한 삶을 살게 되기까지 9년이라는 시간이 걸렸다. 마음식단을 바꾼 다음부터는 작은 변화부터 시작해 지금은 거의 기적에 가까운 놀라운 변화를 일으켰다. 기쁨과 감사라는 마음식단은 인생 최고의 오아시스와 같았다. 매순간 어떻게 살아야 할 것인지에 대한 목마른 해답을 찾으려 길을 해매고 경로 이탈도 해보았기에 이제야 인생을 아주 조금은 알 것 같다.

비가 억수가 쏟아져도 잘못 놓인 그릇에는 물이 담길 수 없고, 가랑비가 내려도 제대로 놓인 그릇에는 물이 고인다는 말이 있다. 이처럼 내 인생에서 내 마음그릇이 제대로 올바르게 놓여 있는지 늘 겸허한 마음시선으로 바라보아야 할 것이다. 그릇을 제대로 놓는다는 것은 매 순간 기쁨과 감사를 받아들일 수 있는 지혜로운 마음을 갖는 것과 같다. 나의 마음그릇이 기쁨과 감사라는 단어로 흘러넘치게 되면 비로소 아파하는 또 다른 누군가를 도울 수 있는 사람이 되리라고 믿는다.

바람이 분다, 그대가 그립다

고흐 作, <삼나무가 있는 밀밭>　　　출처 : Artvee.com

고흐의 작품 〈삼나무가 있는 밀밭〉을 보면, 뭉게구름이 가득한 하늘 아래 오른편에는 짙푸른 삼나무가 솟아 있다. 작은 덤불들이 삼나무를 감싸 안은 잎으로 노랗게 익은 밀밭이 펼쳐져 있다. 마치 바람이 불어오는 듯 흔들리는 밀이 보일 것만 같다. 여름의 바람이 가져온 흔들림은 화가의 눈에 구름과 나무, 덤불 숲과 밀밭을 일렁이게 하는 듯 보였을까. 여름의 청량한 바람이 가득 불어오는 남프랑스의 밀밭은 자발적으로 정신병원에 입원한 고흐의 눈에 들어온 가장 아름다운 풍경이었는지도 모른다. 천재성을 지녔지만 생전에는 미치광이 취급을 받으며 가난하게 살다가 스스로 생을 마감한 화가 고흐의 삶 중, 화가로서의 기간은 그의 생애 마지막 10년 남짓에 지나지 않는다. 게다가 그의 유명한 작품들은 삶의 마지막 2년 동안 그려진 것이다. 어둡고 불꽃처럼 요동치는 듯한 삼나무의 채도와 보색 대비를 통해 고흐의 불안정했던 심리 상태를 파악할 수 있다. 그는 보이는 것을 관찰, 정리해서 그리는 것이 아닌 자신의 심리를 독창적으로 표현하는 본능적인 천재성을 가진 예술가였다. 고흐의 붓 터치는 거의 대부분 구불구불하다. 마치 마음에서 들끓는 그 무엇인가를 스스로도 어쩌지 못하는 심정을 그림에 그대로 옮긴 듯 고흐의 그림은 울컥한다. 강렬하지만 아련한 터치가 그의 여리고 착한 마음을 말해 주는 것 같다. 노랗고 누런 밀밭 위의 불처럼 타오르는 삼나무는 슬퍼 보인다. 저 작가는 마음에 도대체 어떤 불을 가지고 살아간 걸까.

한편, 그의 그림 속에는 따뜻함도 있다. 따뜻함은 색채로 표현된다. 냉소를 품지 않은 색채이지만 보고 있으면 슬프고 아리다. 폴 고갱에게 집착 같은 우정을 보이며 마치 어린아이 같은 행동을 보이기도 했다. 하지만 동생 테오에게는 한없이 따뜻했던 걸로 보아 그에게는 사랑이 필요했는지도 모른다. 자신이 살면서 만족할 만큼의 사랑을 받지 못했던 것일까. 자신의 인정 욕구와 사랑받고 존중받고 싶었던 마음이 내 마음과도 교차되는 느낌이다. 당시에 너무 버거운 생을 살고, 그는 끝내 37세란 너무 젊은 나이에 자신의 손으로 생을 마감했다. 이후 동생 테오와 테오의 부인, 그리고 손주들에 의해서 고흐의 작품은 널리 알려졌다고 한다. 정신적으로는 건강하지 못했을지도 모르나 그의 작품을 보면 삶을 너무나 사랑했던 남자, 그는 영원히 젊은 화가로 우리 마음속에 남아 있다. 나는 그런 젊은 남자를 또 한 명 알고 있다. 자신을 너무 사랑하고, 가족을 사랑하고, 배움과 도전, 삶을 너무나 사랑했던 남자. 내겐 영원한 젊은 남자로 기억될 나의 배우자다. 이 젊은 남자와 내가 함께 살아 숨 쉴 때는 동갑이었지만, 지금은 내가 아홉 살이나 더 많아진 누나가 되었다. 서른넷이라는 젊은 나이에 서두르듯, 내게 마치 급하게 바통을 넘겨주듯 다급하게 그는 떠나버렸다. 한마디 인사를 건넬 시간조차도 허락되지 않을 만큼 야박한 운명이었을까. 쫓기듯 급히 헤어져야만 했던 그에게 이제야 마음을 가다듬고 차분히 글을 남길 수 있는 시간이 내게 주어졌다. 너무 어색해서 다시 지워버릴지도 모르는 글이지만 그래도 지금 이 순간만큼은 용기를 내어본다.

무슨 말부터 해야 할까요.

그해 여름, 우리에게 따뜻한 봄날, 아름답게 흩날리는 벚꽃을 보는 것이 마지막이 될 거라는 사실은 꿈에도 몰랐습니다. 바람이 불어옵니다. 봄날은 가고 더운 여름날의 숨 막히는 더위를 식혀주던 슬픈 바람결. 그 바람결은 당신과의 행복했던 나날의 기억을 내게 실어 나르는 듯합니다. 내가 설마 잊기라도 할까 봐서 그래서 당신은 바람이 된 건가요. 당신은 별이 되어서도 참 지혜롭고 현명합니다. 내게 늘 공기처럼, 불어오는 계절의 바람처럼 늘 함께 있어줘서 고맙습니다.

한 번은 말해야 될 것 같았습니다. 늘 목구멍 안에서 꿈틀대다 결국 다시 꿀꺽 삼켜버리곤 했던 당신의 무거운 이야기는 세상 속으로 조용히 묻혀버렸습니다. 인간인 당신의 몸보다 몇 배 큰 거대한 블랙홀과의 악연이 당신을 사랑하는 수많은 사람들을 슬픔에 빠지게 만들었습니다. 당신의 시간이 멈춤과 동시에 당신을 품고 있던 세상도 함께 멈춰야 할 것만 같았습니다. 하지만 시간이 마치 거꾸로 흐르는 듯 세상은 아무 일도 없었던 듯이 잘만 돌아가고 있었습니다. 이토록 끔찍한 사건이 생생한 사실이라는 것에 대해 화가 났습니다. 꿈이란 건 바로 이럴 때를 위해 존재하는 것이 아니던가요. 꿈 같은 현실에서 어서 빨리 깨어나기를 간절히 기도했지만, 길고 긴 꿈은 결국 깨어지지 않더군요.

내가 이사를 하자고만 하지 않았더라면, 아니 처음부터 나와 인연이 닿지 않았더라면, 당신이 이런 비극을 맞이하지는 않았을 거란 생각에 사로잡히면 걷잡을 수 없는 슬픔이 밀려듭니다. 차마 입 밖으로 꺼낼 수 없었던 이 진실들을 외면하고 혼자 떠안고 살아가는 동안 나는 참 용기가 없었음을 알았습니다. 아이들 때문에 내가 살아야 할 이유는 명백했지만 인정하고 싶지 않은 죄책감에 늘 괴로웠던 건 사실입니다. 바보같이 내 탓이 아니라고, 아니라는 말 한마디 직접 듣고 싶었던 어리석은 내 마음만 들여다보기 바빴습니다. 그게 아닌 것을 알면서, 그래도 누군가 원망하고 탓하지 않으면 못 견딜 것 같아 나 자신을 스스로 고립시키고 벌을 준 바보 같은 나여서 미안합니다. 그리고 많이, 그립습니다.

이제 진짜 당신이 바라는 그런 삶을 살아가겠습니다. 알면서도, 가슴으로는 알고 있으면서도 겁쟁이라서 눈치 보며 당당하지 못했습니다. 이제 나라는 목숨은 이 세상에서 당신이 끝내 하지 못했던 몫까지 두 배로 선하고 진한 향기를 뿜어가며 살아갈 것임을 이렇게 약속합니다. 나의 삶을 진심으로 사랑하겠습니다. 당신이 그토록 사랑하고 아꼈던 우리 아이들도 각자의 삶을 살아갈 수 있도록 내가 먼저 올바르게 살아가겠습니다. 당신이 그토록 재미있게 살아가고 싶어 했던 하루하루를 더욱 소중하게 살아내겠습니다.

당신은 내게 영원한 젊은 남자. 내가 백발의 할머니가 되어도 당신은 영원히 내 마음속 유일한 젊은 남자입니다. 나는 늙지만 당신의 젊음은 영원합니다. 하늘이 당신의 늙음을 허락하지 않은 만큼 내가 대신 멋지게 늙어가겠습니다. 당신은 내게 늘 멋진 젊은 남자. 당신이 없어도 봄은 언제나 찾아옵니다. 벚꽃이 바람에, 태양의 햇살에 보석처럼 반짝입니다. 눈처럼 소복이 쌓인 꽃잎을 손으로 쓸어 모아 향기를 맡습니다. 당신과 함께한 봄의 냄새가 내 마음을 적십니다. 꽃잎을 날려 보냅니다. 날갯짓하는 봄의 나비처럼 허공에 흩날리는 모습은 한여름 밤의 꿈처럼 아련합니다.

아름다움도 잠시, 또 꿈처럼 서둘러 사라져버리는 당신 모습과 교차되며 한동안 슬픔으로 가슴이 먹먹해집니다. 봄의 시작을 알리는 벚꽃의 의미인 줄 알면서, 그 꽃이 져야 진짜 봄을 맞이할 수 있다는 것을 알면서 지레 겁을 먹고 미리 슬퍼하는 어리석은 나를 위로해주세요. 잠시 찰나의 아름다움을 다시 보기 위해서는 또 일 년이라는 시간을 기다려야 하기에 그 아름다움의 의미는 그 어떤 시절보다 몇 곱절이나 아름답습니다.

당신도 내게는 그런 의미입니다. 살아갈 날에 비해 너무나 짧은 시간 함께 보낸 당신과의 시절이 내게는 그 무엇과도 바꿀 수 없는 눈부시게 아름다운 기억의 선물입니다. 감사합니다. 다시 살랑살랑 봄바람이 불어온다면 당신인 줄 알겠습니다. 더운 바람이 숨 막히게 불어 닥친다면 당신인 줄 알겠습니다. 낙엽이 스치듯 스산한 바람이 불어오면 당신인 줄 알겠습니다. 시리도록 매서운 칼바람이 불 때면 그 역시 당신인 줄 알겠습니다. 변화하는 모든 계절을 품은 당신이라는 바람결 때문에 내가 살아 숨 쉬고 있음을 느끼겠습니다. 계절, 계절마다 늘 당신을 웃으며 즐겁게 맞이할 준비를 하겠습니다.

또다시 바람이 불어옵니다. 죽음은 생명이 끝나는 것이지, 당신과 나와의 관계가 끝나는 것이 아니라고 말해주고 싶은가 봅니다. 맞습니다. 내 마음 속에서 그대가 사라지지 않는 한 당신의 의미는 영원합니다. 나의 영원한 젊은 당신 감사합니다. 그리고 그립습니다. 영원히, 영원히 사랑합니다.

고통은 지나가지만, 아름다움은 남는다

월리엄 맥그리거 팩스턴 作, <스튜디오를 떠나며>

출처 : 저자가 그린 모작

스튜디오를 나가려던 여인이 뒤를 돌아본다. 단정하고 자신감 있는 차림새의 여인이 무언가 말을 건네는 듯한 눈빛이다. 이 장면을 보면 우리는 현재의 상황에 맞게 각자 상상할 수 있다. 근심이나 불안의 기색은 전혀 느껴지지 않는 여인의 단호한 표정이다. 다가올 일들에 대해 전혀 두렵지 않아 보인다. 오히려 당당하고 담대한 태도마저 느껴진다. 마치 단 한 번도 슬픔을 겪어본 적 없는 사람처럼 다부지고 경쾌한 분위기를 자아낸다. 하지만 알고 보면 여인에게도 홀로 눈물짓던 시간이 있었겠지. 그림에서 느껴지는 감정은 현재 자신이 처한 상황에 따라서 그 마음이 투영되기 마련이다.

주인공은 문밖에서 만나게 될 누군가에게 혹은 무언가에 지나치게 의존하지 않겠다는 의지를 마음속에 굳게 심었을 것이다. 인간에게 의지란 매우 강력한 힘이란 걸 알기에 그림에서 느껴지는 힘이 다를 수밖에 없다. 문틈 사이로 밝게 빛나는 노란 벽은 마치 그녀의 앞날의 희망을 예고하는 듯하다. 비록 지난 아픔들을 전부 날려 버릴 수는 없겠지만 아팠던 만큼 성숙해지듯 더욱 차원 높은 삶을 살아가게 되리라는 확신이 든다. 윌리엄 맥그리거 팩스턴(William McGregor Paxton)의 〈스튜디오를 떠나며〉는 외상 후 성장이라는 단어를 떠올리게 만드는 작품이다.

외상 후 성장은 "시련으로부터 회복을 넘어선 긍정적 변화"라고도 정의되고 있다. 이는 외상과 끊임없이 투쟁하면서 자신에 대한 이해와 변화, 대인 관계의 변화, 가치관의 변화 등 수많은 변화와 함께 혼란을 겪게 된다. 이로 인한 긍정적 심리 변화로까지의 과정을 우리는 외상 후 성장이라고 부른다. 하지만 성장을 하고 있다고 해서 경험하는 모든 것에 부정적 정서가 없는 것은 아니다. 중요한 것은 나를 변화시킬 수 있는 결정적 요인은 변화하고 싶어 하는 오직 나의 결심으로부터 시작된다는 것이다.

외상 후 성장이란 그 의미는 좋으나, 정작 진행 중인 당사자에게는 참 고통스럽고 긴 여정이 아닐 수 없다. 결국 외상 후 성장을 경험했다고 해도 완전한 성장을 이루었다고 말할 수 있는 사람은 아무도 없다. 다만 인간이 신체적, 심리적으로 고통스러운 사건을 겪은 뒤 그것을 극복하는 시간을 거쳐 회복 상태를 유지하는 것일 뿐이다.

회복 상태는 회복 탄력성이라고도 하는데, 이는 역경이나 고난을 이겨내고 재도약할 수 있는 긍정적인 힘을 말한다. 실패와 아픔을 발판 삼아 더 높이 뛰어오르는 마음의 근력이라고 할 수 있다. 예를 들어 공을 낮은 곳에서 튕길 때보다 높은 곳에서 튕길 때일수록 강한 탄력성으로 튀어 오른다. 그 높이가 원래 있었던 높이보다 훨씬 높다는 것을 누구나 알 수 있다. 이처럼 회복 탄력성은 긍정적인 심리적 변화로 인해 전보다 훨씬 성숙해지고 강인해질 수 있다는 것이다. 전에 없던 성격상의 강점을 갖게 되는 것이다.

나는 40년 이상의 세월을 살아가고 있다. 어쩌면 내 허락된 생명의 절반을 살았을지도 모르고, 아니면 앞으로 살아갈 날이 절반도 남지 않았을지 모른다. 살면서 크고 작은 나의 인생의 굴곡은 부진했던 학업으로 인한 낮은 자존감, 부모님의 다툼, 정서적 지원의 결여, 어른으로 성장하기 위한 안내자 역할 부재, 그리고 결혼 후 가장 고통스러웠던 일은 앞으로의 생을 함께하기로 약속했던 배우자를 상실한 경험이었다.

나에게 상실의 시간은 과거의 결핍들과 뒤섞여 더 강한 부정으로 다가왔다. 그동안 내 안의 깊은 곳에 잠복되어 있던 온갖 결핍들이 한순간에 휘저어지는 것을 경험했다. 마음의 불순물들이 눈앞을 가려 아무 곳에도 시선을 둘 수 없었다. 원망과 불평, 미움이라는 불청객들과 매일 싸우고 타협하기를 반복했다. 그러다가 나는 정말 괜찮은 사람이 되고 싶었고, 나아지고자 하는 절박한 의지로 내 삶을 수정하려고 정말 많이 노력했다. 비로소 회복의 단계까지 나는 참 잘 와주었고, 잘 버텨주었다. 그런 애씀을 나 자신이 잘 알기에 지금은 스스로 나를 칭찬하고 나에 대한 믿음으로 지독하게 나를 사랑하게 되었다. 그리고 열성팬이 되었다.

스스로 공부하기 시작했고 도전하고 목표점을 이루고 한 해 한 해 성장해나갔다. 그런 모습을 지켜보는 부모님도 나를 이제 인정해주기 시작했다. 지하 100층으로 떨어진 것만 같았던 내가 지금껏 위로 차고 올라갈 수 있었던 강력한 힘은 대체 어디에서 나온 것이었을까. 그건 바로 내가 겪었던 절망스러운 어둠의 시간들을 견뎌낸 결과였다. 피하고 싶기만 했던 고난은 비록 지금까지의 내 삶을 휘저었지만, 삶을 희석하고 다시 시작할 수 있는 기회 또한 마련해주었다. 성찰을 통한 객관화, 그리고 이를 통한 내적변화의 과정으로 인해 삶을 긍정적인 방향으로 향하게 도와주었다. 스스로에 대한 존경이 생김으로써 나의 낮은 자존감은 상승 곡선을 이루기 시작했고, 삶의 가치관을 재정비할 수 있게 되었다.

과거보다 오늘 이 순간을 그리고 다가올 내일에 초점을 맞추며 감사하며 사는 삶을 살아가기로 결심했다. 과거는 바꿀 수 없지만 다가올 미래는 얼마든지 내 의지로 바꿀 수 있는 희망의 형태이기 때문이다. 삶에 있어서 인생의 고통의 크기나 무게가 참으로 소중하다는 것을 깨닫게 되는 이야기가 있다.

사람들이 아침부터 제각기 크고 무거운 십자가를 지고 먼 길을 가고 있었는데, 각자 자신이 짊어진 십자가가 무거워 굉장히 힘들어 하는 장면이 묘사되었다. 그때 한 사람이 꾀를 내어 자기 십자가를 톱으로 잘라내는 것이었다. 그리고 나서 한결 가벼워진 십자가를 지고 빠른 걸음으로 남들을 앞질렀다. 그 모습을 본 몇몇 사람들도 자기의 십자가를 잘라냈고, 한편 대부분의 사람들은 묵묵히 인내하며 자기의 십자가를 지고 갔다.

어느덧 사람들은 모두 종착점에 도착했고, 그곳엔 뛰어넘을 수 없는 큰 도랑 하나가 흐르고 있었다. 도랑 건너편에는 예수가 미소를 띠고 서 있었다. 사람들은 기쁜 얼굴로 예수를 향해 각자 지고 온 십자가를 도랑 위에 걸치고 건너기 시작했고, 반면 십자가를 자른 이들은 그 길이가 짧아 도랑을 건널 수 없었다는 안타까운 이야기다.

　나도 그동안 십자가를 수없이 자르면서 살아왔는지도 모른다. 하지만 지금은 과거의 결핍으로 인한 자격지심 그리고 고난이라는 십자가는 내 삶의 아주 고마운 재료들이 되었다고 생각한다. 나의 무겁고 고통스러운 십자가가 없었더라면 당도 높은 성숙의 길로 향하는 마음의 도랑을 무사히 건너지 못했을 것이다.

　과일 농사를 지을 때는 상품성을 높이기 위해 과일의 당도를 높이려고 노력해야 한다. 그 노하우는 나무에게 물을 너무 많이 제공하는 대신 부족함이 있는 듯 해줘야 당도가 더욱 높아진다고 한다. 인간도 마찬가지인 것 같다. 정신적 자원의 풍족한 삶으로 인해 결이 고운 사람이 될 수는 있으나, 깊은 성찰에서 나오는 당도 높은 맛은 덜하다. 하지만 삶의 고갈을 느끼고 끊임없는 인생 질문을 통해 해답을 찾아나가는 일련의 과정은 인간이 당도 높은 삶을 살기 위한 원동력이 된다.

　비 온 뒤 땅이 더욱 단단해지듯 나의 아픔은 내 안에서 숙성되어 당도 높고 몸에 좋은 천연감미료를 만들어냈다. 삶의 깊은 통찰이 잘 베어 있는 매력적인 맛이다. 그 어떤 인공감미료보다 몇 천 배 강한 경험을 통한 천연감미료는 앞으로 어떤 일에도 쓰임 받을 것이다. 아픔을 버리지 않고 내 것으로 인정하고 나아지려는 나의 절박한 의지가 끝내 나 자신을 구했다. 스스로 대견하다고 말할 수 있어서, 그 말을 들을 수 있어서 나는 행복하다. 칭찬과 격려는 타인에게 받는 것이 아닌 바로 나 자신에게 받을 때 더 달콤하다. 타인이 말해줄 때까지 기다리지 말자. 나의 열렬한 팬인 내가 나를 먼저 인정해주는 삶은 그야말로 귀한 삶이다.

누구에게나 살면서 슬픔과 상처는 있다. 하지만 그 사실을 부정하지 않고, 그럼에도 불구하고, 삶을 사랑하고 나만의 매력적인 천연 감미료를 개발해보면 어떨까. 누구도 복제할 수 없는 세상 하나뿐인 나만의 인생 천연감미료로 내 남은 인생의 당도를 높인다면 원래 주어진 시간보다 두 배, 세 배 더 값지게 살다 가는 느낌이지 않을까.

나는 이왕이면 한 번 주어지는 인생을 나답게, 아름답게, 살아가고 싶다. 그래서 이렇게 글쓰기를 통해 더욱 나다운 인생의 발자취를 남기려고 한다. 사진이 시간을 붙잡아두는 일이라면 글쓰기는 마음을 붙잡아두는 일이라고 생각한다. 글을 쓰는 동안은 내 마음을 들여다보고 나를 이해하고 사랑하는 시간이다. 또 나에게 글쓰기란 삶의 해독 시간이었다. 몸에도 해독 작용이 있듯이 우리의 마음도 글쓰기로 해독할 수 있다. 내 안에 차 있던 부정적 감정들은 이미 이 글을 써가며 해독되어가고 있음을 느낀다.

그리고 이 글을 마친다면 이제 나는 바로 인생 제 2막을 준비할 것이다. 고통은 흘려보내고 아름다움을 남길 차례다. 스스로가 너무 나도 사랑스러워 견딜 수 없는 삶을 살고 있는 나는 살바도르 달리 (Salvador Dali)의 말을 빌려 이렇게 말하고 싶다.

"나는 매일 아침 일어날 때마다 내가 '나'라는 사실에 최고의 희열을 느낀다. 나는 마약을 하지 않는다. 내가 바로 마약이기 때문이다."

이 글을 읽는 여러분도 매일 아침 이렇게 말해보자. 내가 나를 미치도록 사랑하는 그런 인생을 산다면 그 어떤 고통도 나를 어찌할 수 없을 것이다. 파도가 휩쓸고 간 자리에 바다가 선물을 남기듯 고통이 휩쓸고 간 우리의 삶 끝에는 아름다움이란 선물이 남을 것이다. 삶을 사랑하면 삶은 우리에게 조용히 속삭여준다. 고통은 지나가고 아름다움은 남는다고 말이다. 또 다른 새로운 삶이 언제나 우리를 향해 기다리고 있다. 이제, 지금의 문을 박차고 나가 용기를 내어 인생 제2막의 새로운 문을 열 차례다.

명화에게 말을 걸다

제1판 1쇄   2023년 9월 1일

지은이   김교빈
펴낸이   최정선   **펴낸곳**   매경출판(주)
기획제작   ㈜두드림미디어
책임편집   우민정   **디자인**   얼앤똘비악earl_tolbiac@naver.com
마케팅   김성현, 한동우, 구민지

매경출판㈜
등록   2003년 4월 24일(No. 2-3759)
주소   (04557) 서울시 중구 충무로 2(필동1가) 매일경제 별관 2층 매경출판㈜
홈페이지 www.mkbook.co.kr
전화   02)333-3577
이메일 dodreamedia@naver.com(원고 투고 및 출판 관련 문의)
인쇄·제본 ㈜M-print   031)8071-0961
ISBN 979-11-6484-605-4 (03190)